青少年儿童

体能教练教学理论与实践

白晨 —— 著

中国广播影视出版社

BAI CHEN
>>> 白 晨

- 中国共产党党员
- 北京体育大学硕士研究生
- 国家二级运动员
- 美国体能训练协会认证体能训练专家（NSCA-CSCS）
- 高级中学教师资格证
- 北京市基层工作先进个人
- 品铠运动创始人
- 从事青少年儿童体能训练十余年，累计服务10000+学生会员，累计培训1000+教练员。

目 录

写在前面的话

第一章　青少年儿童生长发育及身心发展特征
　　第一节　青少年儿童生长发育 6
　　第二节　青少年身体发育的特征 16

第二章　青少年儿童身体素质发育及敏感期特点

第三章　运动技能的学习过程

第四章　青少年儿童体能教学方案设计原则

第五章　青少年体能教学方法及互动策略
　　第一部分　青少年儿童体能教学方法 56
　　第二部分　青少年儿童教学过程中的互动策略 59
　　第一节　体育老师师生互动概述 59
　　第二节　老师开启的师生互动类型及其策略 71
　　第三节　孩子开启的师生互动类型及其应对策略 82
　　第四节　与不同性格的孩子互动的策略 97
　　第五节　师生冲突的有效化解 99

写在前面的话

写在前面的话

Q1: 为什么想要写这本书？

  我从事体育培训行业有十年了，当年以第一名的成绩考入北京体育大学，成为一名研究生，毕业后也一直从事体育培训工作，对体育行业有着非常深的感情，尤其是对青少年体育培训由衷的热爱。从2010年至今，陆陆续续接触了全国不同省市、不同项目的运动馆有近百家，接触的教练员有近千人，对当前行业从业人员有了一定的了解，对体育培训行业积累了很多自己的经验，希望通过图书阅读的途径跟大家进行交流。技术对大多数教练员来说可能并不是特别急需的，因此本书重点总结了在教学中的互动经验并分享给大家，希望能够帮助教练员更加了解孩子，同时能够更愉快地工作。

Q2: 为什么选择从事青少年儿童体育培训行业？

  我是非常喜欢小孩子的，同时也非常喜欢和小孩子相处，在和孩子们一起学习的过程中看着他们不断进步、不断成长，我会感觉到非常的开心和欣慰。选择青少年体育培训主要有以下几个原因：第一，运动是一个非常好的平台。在运动中孩子们不会有太多的顾虑，可以敞开心扉和你交朋友，这样就可以将一些有用的知识和技能以一种非常舒服的方式教给他们；第二，运动是孩子释放的一个通道。当今社会，孩子们有非常大的压力（学习、生活等），运动可以让孩子将情绪充分显露出来，缓解压力造成的负面影响；第三，运动可以让孩子们的身体更健康。身体是革命的本钱，在小时候帮助孩子们打造好黄金身体，未来他们可以更好地享受工作和生活。

Q3：你认为一名合格的青少年体育教练员需要具备哪些能力呢？

第一，专业的技术能力。技术是基础，一名合格的教练员应该对自己所授运动项目的基础动作步骤、动作路线、发力方式、运动保护和运动战术了然于胸，同时还需要将动作标准示范出来。

第二，语言表达能力。再好的东西，不能传达出去也是没有多大作用的。一名合格的体育教练员，尤其是青少年儿童体育教练员必须具备良好的语言表达能力，能够进行短暂的演讲，越小的孩子越需要教练员通过语言创设情境，引导他们进行运动或者学习。另外，教练员在课前或课后要与家长进行沟通，很多课程涉及的专业家长并不懂，不一定了解其中的科学性和必要性，这时候就需要教练员进行专业的讲解，有时家长不能完全理解课程内容，但是你的专业性已经体现出来了，课程的意义也就明白了。比如，体适能课程，如果不去讲解，很多家长都会理解为带孩子玩玩，但是一节优质的体适能课程，要包含很多专业的设计以及教学方法的变化，这些都是需要专业解读的。

第三，教学方法熟练运用的能力和变通运用的能力。青少年儿童相对成人来说，具有很多不确定性，而且注意力有限，在授课过程中需要根据孩子的具体情况采用多种教学方法，有的教学方法还需要变通运用，这样才能保证教学质量。

第四，随机应变的能力。很多时候教案的设计是不可能尽善尽美的，课堂中会有很多随机的情况，而这些随机的情况往往是我们进行性格培养、价值观传递的绝佳时机。比如在柔韧练习的时候可以植入坚强、毅力、忍耐等优秀品质，在团队互动的时候培养团结合作的能力等，教练员要能够抓住孩子的特点进行相应的传达。

第五，持续学习的能力。"问渠哪得清如许，为有源头活水来。"现在的孩子接触知识和信息的途径非常广泛，有时候孩子了解的老师不一定明白，教练员光靠吃老本过日子的时代已经远去了，未来教练员拼的是持续学习能力和创新能力。专业技术的提升需要学习、体育科学理论需要学习，同时还要学会向孩子们学习。

Q4：你认为一名优秀的教练员应该学习哪些知识呢？

体育老师是需要不断积累知识来丰富自己的理论体系的，同时要完善训练体系，做到理论和实践相统一。对教练员来说，肯定是储备的知识越多越好，下面列举一些比较重要的供大家参考：

首先，基础人体科学知识，如运动解剖、运动生理、运动生化、运动生物力学；

其次，训练学知识，如运动训练学、力量训练原理与方法、体能训练、青少年儿童体能训练、拉伸；

再次，教育学以及儿童心理学，比如教育学基础、儿童心理学、教育心理学。

最后，运动监控和测试相关知识以及运动损伤处理等。

Q5：您认为怎样才能成为一名优秀的教练员？

其实前面说的那些都是外在的，我认为想要成为一名优秀的教练员最根本、最核心的是"爱"，是义无反顾的爱，是纯粹的爱。爱孩子，你才能够不断地学习如何去培养好孩子，你才会挖空心思去设计每一堂课；爱孩子，你才会在课堂上寻求和抓住那稍纵即逝的时机，将正确的价值观传导给孩子；爱体育，你才能在一天天重复的课堂生活中发现不一样的色彩，从枯燥中感受到快乐；爱体育，你才能将这份工作当作生活，将工作融入生活。

Q6：本书把"青少年"和"儿童"合并一起做了统称？

对，在体育教学中，青少年儿童是覆盖了1~16岁的学生，所以合并在一起进行讨论的，从运动强度上分，未成年人与成年人是有区别的，但是在本书中对青少年儿童进行了统一论述。

第一章

青少年儿童生长发育及身心发展特征

第一节 青少年儿童生长发育

要想研究青少年儿童的体质及科学训练方法必须要了解生长发育的规律，青少年儿童身体素质及运动能力提高的生物学基础是形态和机能的发育。

（这一概念在家长咨询以及平时的沟通过程中出现得相对较少，我们作为老师了解一下就可以。）

一、生长发育及成熟的概念

生长与发育都包含着不同的概念和内涵，在人体生长发育过程中二者又是互相依存的，我们通常所理解的"发育"一词，实际上包含了生长与发育两个方面。一个人从出生到各个组织、器官的完全成熟发育，这一过程就是人体的成长过程。生长是人的身体随着年龄增长，机体内的细胞不断繁殖以及细胞间质不断增加，是组织器官、身体形态与重量的变化、组成身体化学成分改变的过程。

发育是指人体的各个组织、器官、细胞形态等不断改变并逐渐完善功能的过程。其中，包括智力持续发展、心理逐渐

候、社会因素、遗传因素、锻炼、睡眠、精神因素等，具体分析如下：

（一）营养

营养对生长发育是至关重要的，是生长发育的物质基础。婴幼儿期需要合理的饮食结构，否则不仅影响正常的发育，也会影响日后的智能。少儿期是迅速生长发育的阶段，必须摄入足够多的营养，尤其是热量和优质蛋白、各种综合维生素以及适宜的微量元素。大量的研究表明，充足的营养对儿童的生长发育，在形态、功能、心理、免疫力和智力等方面都会产生很大的影响。丰富的营养、平衡的膳食能够促进儿童的生长发育；反之，缺乏营养的膳食，不仅会影响孩子的生长发育，甚至还会导致各种疾病，从而影响青少年的学习与劳动能力。

（二）疾病

急性疾病、严重的慢性病、流行病和地方病等，对青少年儿童生长发育的影响非常大。如果长期存在消化功能紊乱或者反复的呼吸道感染、内分泌系统的疾病以及大脑发育不全等，都会对儿童生长发育产生直接的影响。

（三）气候和季节

气温、海拔等自然环境条件的不同，也会对青少年儿童的身体发育产生

以上知识点老师在和家长沟通关于孩子身高问题时可以用到，很多家长会担心自己孩子身高的问题。比如练习某些项目能不能促进长高，或者练习某些项目会不会导致孩子长不高，在运动项目中可能体操、武术"背锅"比较多，很多人误认为练习武术或者体操会长不高。在这里我想说明一下，并不是练习这些项目长不高，而是由于项目的独特性，翻滚、腾空动作等比较多，相对来说不太高的运动员在这些项目中会更有优势，加之成绩好的运动员相对来说身高都不太高，而大家认识的又都是成绩好的运动员，因此部分家长会认为这个项目会影响孩子身高，让大家产生误解。任何运动在训练中都要抓住身高增长的敏感期，采用相应的训练动作促进孩子身高的增长。

（四）身体各器官系统发育的不平衡

人体是一个有机的统一体，人体的各个器官的发育也不平衡，有些较早、有些较晚。例如：发育最早的是神经系统，而发育较晚的是生殖系统。青少年身体的各器官发育既相互影响，又与它们负担的功能相适应，由此老师在不同时期安排的训练负荷不一样、训练内容不同，例如，在幼儿期着重练习大肌肉发展的动作，避免静力性动作的练习等。在正确的时间做正确的事情，才有可能取得最佳的锻炼效果。老师还可以把青少年不同发育期与孩子各项素质的敏感期相结合，锻炼效果会更佳。

三、影响儿童、青少年生长发育的因素

儿童的发育是不断进行的，是机体与外界、遗传性与适应性的对立统一过程。影响儿童生长发育这一过程的因素有很多，如营养、疾病、气

第一章 青少年儿童生长发育及心理健康

青少年儿童生长发育及心理健康

现象，不断摆脱原先的稚嫩形象。所以，生长着、生长期的，也意味着是"活"的变化。

就整体而言人体生长发育过程可划分为一个长短不等的若干时期，这一 阶段和后一阶段有所不同，形态、功能等方面亦起显著的区别。

人体在生长发育过程中，需要不断摄取体外来的成长必需的新的物质，这一现象被称为代谢作用。当代谢作用能够旺盛地在生长中占据主导地位，同化作用明显大于异化，所以进行儿童少年的时期也称为生长发育。同化作用由于十分旺盛时，我们的身体便进入人的整颜，随着时间的推移，这一过程越来越为异化作用所代替的形式，以至机体终老和功能逐渐衰退，及时候我们就跑起来了老年期。

二、青少年儿童生生长发育的一般规律

青少年生生长发育过程中会各方面因素影响，虽然个体间地区、不同个体存在一定的差异，但是其中的规律还是普遍基本相同的。

（一）生长发育具有阶段性和连续性

从婴儿、幼儿、少年，青年，最终其成长到人体经过长生的发育及时期非常的短的时间段，而随着年龄的增长，在其身体发生显著的变化起来发展着也在逐渐分化，功能也得上逐渐完善。例如，就生理器官在短短几个月的这一段时间内，几乎全身体的都会有的显著，但重要的发生的变化，还有的明显的发生改变的特征，尤其是他人他们与家长们交流沟通的时候，他们明显的非常清楚，一方面可以明显的体力脑和思维的发达，另一方面在生长中自己的孩子是非常清楚的，所接近就说出名了后能变化家长感觉他已经是面到让他每个孩子的强大特性，孩子的自尊和自重，有时对他们忽视打其来讲的。

儿童时期由于身体还在成长,所以各个部位的骨骼都在生长发育,可以说身体每一个部位都在慢慢地发生变化,身体也在持续增高。儿童在生长发育的过程中,其身形的变化都体现在所穿的衣服上,衣服的尺码会逐渐增加,甚至需要隔一段时间就选购一次新的衣服。但有的儿童的生长速度比较快,所以他们的体型变化很大,使身体的变化更加显著,因此家长在对其教导时,需要根据孩子的儿童每一时期的体形特点来选择合适的教导方法,不能按照常规,以免有人的标准来衡量和要求孩子们。

（二）学长率对孩子的连续性和阶段性

生长发育是一个连续不断的渐进过程,在生长发育的过程中,有些是身体迅速变化的,有些是在一定时间里逐渐出现变化的特点。例如,儿童到了6岁就能懂得孩子到自己自己的判断力,但非常糟糕的是他们还达到10岁以下才能懂事。因此,在生长发育的过程中有所分段并又是互相连接的,逐渐实现的。

（三）学长率对孩子的不均衡性

儿童的生长在不同时期速度是不同的,有时快,有时慢,导致身体的各部位不匀称。以身高、体重为例。从婴儿时期到儿童时期有两个高峰期:一是婴儿出生后一年;这一时期为第二个生长发育高峰,二是10岁~12岁,这一时期为第二个生长发育高峰,也就是我们常说的青春期的开始。

不过孩子对儿童来说有长有短,特别是对女孩与男孩的体重和体形有所不同。在10岁前,男、女孩每年,体重之间的差别并不明显;在11岁~15岁,由于女孩的发育要比男孩早一到两年,所以女孩在身长和体重都超过男孩;在15岁以后,男孩的身长逐渐开始迅速增长,这一时期女孩的身体又重新与男孩拉开距离,因此,在一定程度上就会出现这次变化。

一定的影响。一般来说，生活在热带和温带地区的儿童性成熟期出现较早，身体的发育水平略低一点；而生活在寒冷地区的青少年儿童，由于性成熟期会稍晚一些，身体发育水平便会略高一点。同一地区不同季节对身体发育也会产生影响。一般情况下，春季是身高增长爆发期；秋冬季节由于外界温度较低，人体会储存脂肪，体重会加快增长。

（四）社会因素

社会因素对儿童的生长发育也会带来综合性的影响。经济发展是其中的主要决定因素，经济发展越好，营养、居住、医疗等方方面面才能得到普遍的提高和改善。但在同样的经济条件下，多子女家庭中个体生长发育的情况也略有不同。同时，还有包括噪声、污染等环境污染及创伤和中毒，也是影响青少年儿童生长发育的重要因素。

（五）遗传因素

遗传，也称为继承或生物遗传，是指亲代表达相应性状的基因通过繁殖传递给后代，从而使后代获得其父母遗传信息的现象。通过遗传，个体之间的差异可以积累并通过自然选择使物种进化。因此，通过遗传可以预示孩子的身高、体重、体型等。当然，子女从父母那里得到的遗传因素不同，在外形、功能、素质和心理等方面也有所不同，这些因素在

生长发育阶段都有很大的可塑性，这也进一步说明了后天培养对促进生长发育的重要性。

（六）体育锻炼

先天遗传和后天环境对青少年儿童生长发育起到双重作用，是一种复杂的生物现象。在诸多环境因素中，充足的营养是青少年儿童生长发育的基础，科学合理的运动是生长发育的源泉。通过科学的体育运动调节身体的新陈代谢，促进神经内分泌系统的作用，对青少年儿童的身体成长发育产生不同程度的影响。但是，这是一个需要长期积累的过程，试图通过参加短期的体育锻炼来提高身体发育水平是不切实际的。

1.运动对身体发育的影响

体育锻炼能增强体质，促进生长发育。研究表明，一周参加两节体育课、一节课外体育活动的孩子，各项身体指标增长值均高于每周参加一节体育课和一节课外体育活动的孩子。

2.运动对骨骼、肌肉系统发育的影响

运动可以加快全身的血液循环速度，对骨骼、肌肉、关节和韧带都会产生良好的影响，可以改善肌肉和骨骼对营养的吸收，加速骨细胞的增殖，进而促进骨骼的生长，并通过肌肉活动给骨组织以刺激，促进骨骼中钙的储存，预防骨质疏松。坚持体育锻炼，经常运动可使肌肉保持正常的张力，同时使关节保持较好的灵活性、韧带保持较佳的弹性，锻炼可以增强运动系统的准确性和协调性，保持手脚的灵便，从而可以轻松自如、有条不紊地完成各种复杂的动作。合理的体育锻炼能够促进脂肪的消耗，是调节体重的重要因素，使青春期少年的体格得以协调均衡地发育。

3.体育锻炼可以提高呼吸系统的功能

科学合理的体育锻炼能够改善血管弹性、增强心肌收缩能力、提高心脏供血功能，坚持长期锻炼有利于心脏功能的改善。体育锻炼对肺功能的提升也有显著效果，可以提升呼吸肌的力量和肺活量，增加呼吸深度，提高呼吸系统的供氧能力。

4.体育运动可以使细胞、神经系统、肌肉、骨骼、内脏、内分泌和免疫功能等人体内外之间建立良好的网络作用，充分提高身体抵抗外界不良环境的适应能力

> 有分析指出，由于体力劳动逐渐减少、快节奏的现代生活方式、饮食的高油高糖等都是造成青少年儿童体质下降的原因。青少年的生活方式由"动"到"静"，脑力活动逐渐压缩了身体运动的时间，必然会对青少年的体质造成一定的影响。当前青少年体质可以概括为"硬、软、笨"这几个特点，即关节硬、肌肉软、动作不协调。
>
> 该部分是平时用到最多的，不管是课程顾问还是老师，都会面对这个问题，能够专业完整地阐述青少年儿童身高增长的原理，会让老师在家长心目中的印象加分很多。

四、生长发育阶段的年龄划分与青春发育期的特征

（一）发育阶段的年龄划分

依据儿童生长发育不同阶段的规律以及生理和心理的特点，将青少年儿童的年龄划分为以下几个时期：

幼儿期：2岁~3岁

学龄前儿童：4岁~6岁

少年期：13岁~17岁

青年期：18岁~25岁

各年龄阶段之间并无明显界限，前一年龄段的发育可以为后一年龄段的成长打好必要的基础。从教学实践来说，建议按照2.5岁~4岁、4岁~6岁这两个阶段来划分班型。

（二）青春发育期

青春发育期即青春期，青春期是指由儿童阶段发展为成人阶段的过渡时期，青春期是人生发展的一个重要阶段，一般女孩10岁~18岁，男孩12岁~20岁。青春期可分为三个阶段，即青春早期、青春中期和青春晚期。在这个过程中，青少年会经历身体上的发育和心理上的发展及转变，包括第二性征的出现和其他性发育、体格发育、认知能力的发展、人格的发展、社会性的发展等方面的转变。每个青少年进入青春期的年龄和时期都因遗传、营养和运动等因素而有所不同。

第二节　青少年身体发育的特征

青少年儿童的生长发育过程是在自身神经系统的调控与外部环境因素的相互作用下进行的，身体各个器官、各个系统之间的结构与功能相互影响、相互制约，共同协调发展。

一、运动系统发育特征

人体的运动系统由骨、骨连接、骨骼肌三种器官组成。骨以不同形式连结在一起，构成骨骼，形成人体的基本轮廓。骨为肌肉提供附着，在神经支配下，肌肉收缩、牵拉其所附着的骨，以可动的骨连结为枢纽，产生杠杆运动。骨是被动部分，骨骼肌是动力部分，关节是运动的枢纽。

（一）骨骼生长发育特点

随着青少年儿童年龄的不断增长，骨骼也在不断钙化、加长、加粗、

变硬。儿童的腕骨在出生时全部是软骨，随着年龄的增加逐渐钙化，大约在10岁才能完成全部钙化，其中，女童比男童一般要早两年完成这一过程。由于掌指骨需要长时间钙化，所以儿童手劲偏小，很难完成和控制精细的动作。儿童骨骼中无机盐含量少，有机成分含量比较高，成人骨骼中有机物的比例约为33%。而随着年龄的增长，有机成分逐渐减少、无机成分逐渐增加。

成年人的骨结构由于无机成分（钙盐）的增加，所以强度大、脆性大。如果受到剧烈的外力冲击，容易引发骨折；儿童的骨骼中含有较多的有机物，包裹的骨外膜又特别厚，因此在力学上就具有很好的弹性和韧性，不容易折断，在受到外力冲击下会出现与植物青枝一样折而不断的情况，骨科医生就把这种特殊的骨折称为青枝骨折。

（二）骨骼肌生长发育特点

骨骼肌，是横纹肌的一种，是指附着在骨骼上的肌肉。儿童肌肉中的的含水量比较高，蛋白质、脂肪与无机盐类较少，而且肌纤维比较细，肌腱显得短而宽，所以肌肉的收缩能力比较差，容易出现疲劳以及损伤的情况。随着年龄的增长，肌肉中的有机物增多、水分减少，肌肉重量不断增加，肌力也会相应增强。

青少年肌肉的生长发育不均衡，屈肌先于伸肌、上肢肌先于下肢肌、躯干肌先于四肢肌，总体是大肌群发育较早，而小肌群发育比较晚。所以教练员与家长一定要注重儿童的肌肉发育情况，在进行体育运动的时候要保持科学的、正确的姿势，以免对肌肉造成损伤。

儿童肌力的增长不是匀速发展的，在生长加速期内，肌肉的主要生长方向是纵向发展以增加长度，但仍落后于骨骼增长，所以青少年的肌肉收缩力和耐力都比较差。生长加速期结束后，骨骼的增长逐步放缓，同时肌肉加快了横向发展的速度，这时身体的肌纤维明显增粗，肌力显著增强。男生在18岁~19岁、女生在15岁~17岁这一阶段肌力增长最为明显。女生20岁、男生25岁左右，全身的整体肌肉力量达到峰值，肌力会一直保持到30岁~35岁才开始减退。

根据青少年儿童肌肉发育特点，在进行体育训练中应注意：

1.根据年龄特点安排运动负荷

青少年10岁之前的肌肉生长速度较慢，肌肉力量较弱，不宜进行过多的负重训练，可采用跑、跳等抗体重练习来锻炼肌肉。在12岁~13岁这一阶段，肌肉体积、力量增长速度都开始加快，这时可以适当增加一些抗阻力或轻重量的器械力量练习。15岁~18岁，是肌肉增长速度最快的阶段，在练习中，可以增加阻力或负重，可以更加有效地增强肌肉力量。

在进行力量练习时，应以动力性力量练习为主，静力性练习为辅。负荷不宜过大，组数不宜过多，运动结束后，注意做好身体的放松活动。

2.根据肌力发展规律安排训练内容

根据青少年身体发育的规律，我们知道肌肉的生长发育是不均衡的，在运动训练中，要注意身体的全面训练，训练大肌群的同时，也要注意小肌肉群的力量和耐力训练。

在身高进入快速增长期时，肌肉的长度也在快速增长，这时青少年的肌肉收缩力、耐力较差，宜采用诸如伸长肢体、弹跳和支撑自重等方式来提升力量，减少重负荷力量练习。当生长加速期结束后，身高的增长减缓、肌纤维加快增粗的速度，肌力有显著增加，这时就可以适当地增加力量性练习了。

3.根据骨骼肌发展规律安排训练时长

儿童的骨骼肌细胞纤细、间质相对较多，肌腱宽而短。儿童肌肉中的含水量比较高，蛋白质、脂肪和无机盐较少，加之一般孩子的活动量比较大，肌肉耐力差，所以儿童在运动时骨骼肌容易疲劳，如果运动过量，极易造成损伤，注意要进行适量的运动，避免长时间反复使用骨骼肌强直收缩。但儿童的新陈代谢旺盛，氧气供应充分，运动疲劳后的恢复也比成人快。

儿童全身大肌肉群和小肌肉群发育的时间不同，大肌肉发育比小肌肉发育早，如走步、跑步、爬行等结构较为简单的动作，幼儿时期就很容易学会和掌握，也比较容易形成自动化。但是要想完成由手部小肌肉控制的精细动作，比如直线绘图等动作就会比较困难。大约到6岁时，手部小肌肉才开始发育，这时就可以做一些较为精细的动作，但时间不宜过长，否则容易疲劳。

（三）关节生长发育特点

儿童关节生长发育阶段不同，关节结构不定型，骨关节的结构随年龄变化也有所区别。由于关节囊比较松弛，韧带等未完全发育，关节的稳定性较差，且关节周围肌肉不紧张、缝隙宽、关节柔韧性好，因此活动范围和伸展性均大于成人，所以不恰当的运动容易导致儿童关节脱臼。儿童在掌握站立、行走这些动作以后，足部随着发育才会逐渐形成脚弓。但由于足底周围组织未发育稳定，足底的肌肉、肌腱和韧带发育不够完善，如果此时运动量较大，就很容易形成扁平足，影响成年后的生活和工作。所以，对儿童跑动的距离有一定的要求，直线加速跑的距离根据年龄可分为：3岁为5米~8米、4岁~5岁为6米~9米、5岁~6岁为10米左右。

儿童的动作是在神经系统的调节下，以骨骼为杠杆、关节为枢纽、肌肉为动力而实现的，在儿童3岁~6岁这一阶段，骨骼的发育速度要远高于肌肉，肌肉发育滞后于神经和骨骼，说明儿童阶段不是发展肌肉力量的敏感期。

基于青少年儿童骨骼和关节的特点，在训练中需注意以下问题：

1.保持正确的身体姿势和全面的身体锻炼

青少年儿童的肌肉拉力与骨骼承受压力的功能比成人差，如果身体长期处于不良姿势的状态下，骨骼极易发生变形弯曲，其中最常见的就是脊柱的弧度变形。因此，老师和老师必须培养青少年儿童正确的坐、立、走等形体姿态，同时还要采取正确的运动模式，注意各种姿势的交替轮换。对一些单侧肢体较多的运动，要注意加强对侧肢体的锻炼，防止脊柱弯曲变形或肢体发育不平衡。

2.要注意力量训练时负荷的重量

青少年儿童骨化过程完成较晚，骺软骨承受压力功能比成人差，如果在儿童时期造成骺软骨损伤，以后就会发生不同程度的骨发育畸形。因此，儿童如果在运动中负重过大、静力性动作过多或产生剧烈的震动，极易造成脊柱弯曲、骨盆和腿型发育畸形，还会过早完成骨化过程或造成骺软骨的损伤，影响骨骼的正常生长发育。青少年应以动力性练习为主，在15岁以后再进行较大重量的力量练习。在进行必要的静力性练习时，也要控制时间，做到动静结合，同时不宜经常在过硬的场地上用力踏跳。

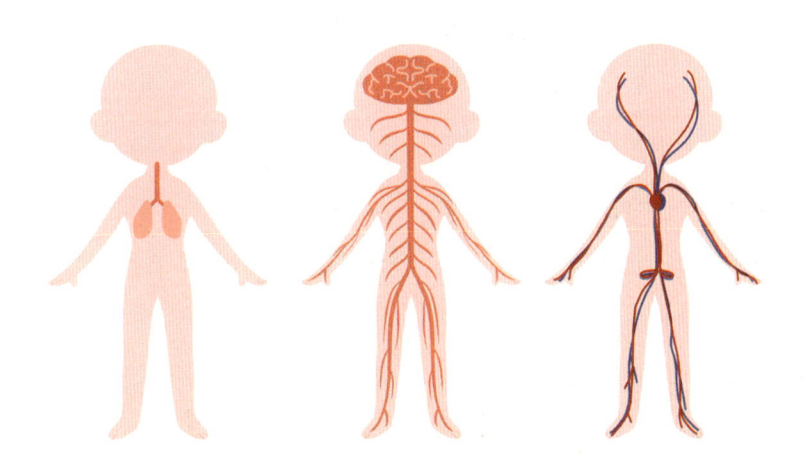

3.应预防关节损伤的发生

青少年儿童可充分发展关节柔韧性,但也要重视发展关节的牢固性,防止关节损伤。在运动中,如发现青少年儿童有腰、膝及肘部疼痛,应引起重视,并及早进行诊断,做出适当的处理。

二、神经系统发育特征

(一)神经系统兴奋和抑制过程的特点

神经系统由中枢神经系统和周围神经系统组成,青少年神经系统的特点是:发育迅速、发育不均衡、发育不完善。青少年儿童神经系统的兴奋和抑制过程发展不均衡,脑干和脊髓发育比小脑成熟得早,神经活动过程不稳定,6岁~12岁兴奋过程明显占优势,表现为活泼好动,不易集中注意力,动作不协调、不准确,易出现多余动作。年龄越小,皮质抑制过程越弱。幼儿神经系统发育不完善,感知觉不敏感,分化能力也就差。8岁以前精确分化能力很差,错误动作多;8岁以后皮质细胞的分化能力完善并接近成人;13岁~14岁时皮质抑制调节机制达到一定强度,综合分析能力明显提高,能较快地建立起各种条件反射,但由于分化能力尚未完善，又受到小肌肉群发育较晚的影响，所以掌握复杂精细的动作困难；14岁~16岁时，反应潜伏期缩短，分化能力显著提高。女孩的分化抑制较男孩发展早，能够掌握复杂的高难度动作，在体操、花样滑冰等技巧性比较强的项目中表现突出。

儿童时期神经细胞工作耐力差，容易疲劳，但由于神经发育过程有较大的可塑性，疲劳消除也比较快。

（二）两个信号系统的特点

在儿童时期，神经活动中占主导地位的是第一信号系统，对形象具体的信号容易建立条件反射；相对较弱的是第二信号系统，这会造成抽象的语言、思维能力差，分析综合能力发展不完善；9岁~16岁时随着第二信号系统功能的进一步发展，联想、推理、抽象、概括的思维活动逐渐提高；16岁~18岁时第二信号系统功能已发展到相当高的水平，两个信号系统之间的关系更加完善，分析综合能力显著提高。

（三）神经系统发育迅速

儿童期运动系统中神经系统最先、最早发育，儿童动作表达的准确度、灵敏和速度素质发展主要受神经系统影响。所以3岁~6岁是儿童运动能力发展的关键阶段，也是灵敏素质发展的敏感期。

（四）神经系统容易兴奋和疲劳

儿童高级神经系统的抑制过程不够完善，兴奋过程强于抑制过程，兴奋和抑制在皮质较易扩散，神经活动的强度较弱，具体表现为儿童自我控制能力差、好动而不好静、容易产生疲劳。注意力包括无意注意和有意注意，无意注意是自然发生的，有意注意是指自觉的、有预定目标的注意。儿童的主动注意时间3岁为7分钟、5岁为15分钟、6岁时可达20分钟，所以适当地进行训练，可以帮助孩子延长注意力时间。固定的、单一的练习内容会让儿童产生疲劳和厌倦，需要不断变换活动内容与方式。

根据青少年儿童中枢神经系统的特点，在训练中应注意以下几点：

1.训练内容要有趣、生动、鲜明、直观，可穿插游戏和竞赛，尽量观察动态事物，避免单调及静力性活动；还需要注意安排合理的休息时间，使学生情绪饱满、精力旺盛、不易疲劳

儿童神经系统发育较快但未成熟，在进行体育活动后需要较长的休息和睡眠时间进行休整。儿童每天可进行1小时左右的户外运动，其中3岁~4岁儿童进行连续练习的适宜时间为20分钟~30分钟，4岁~5岁儿童的适宜练习时间为30分钟~40分钟，5岁~6岁儿童的适宜时间为40分钟~50分钟。

2.在训练中既要注意采用生动鲜明直观形象的教法，又要培养和发展儿童的思维能力

该部分主要是教练员安排训练负荷以及采用何种教学方法的依据，了解清楚青少年儿童的肌肉、骨骼、器官等身体的功能，尽量降低运动风险。在大众体育培训中，安全永远是在第一位的，一个孩子在运动中出现问题，可能一个运动馆都需要停课整改，所以一个教练员如果只会专项技术，没有体育相关理论和教育学理论的基础，就不能称为一名合格的体育教练员。

三、循环系统

青少年儿童的血液总量较成人少，按照体重的百分比来看，相对值反

而略高于成人。儿童的心肌纤维较细，心脏的容积和重量均小于成人，心肌收缩力弱，血液每搏输出量和每分输出量都比成人少，但相对值大于成人，这说明青少年儿童的心脏在承担短时间的、紧张的肌肉活动方面具有一定的潜力。儿童心脏发育及神经调节还不够完善，而新陈代谢又比较旺盛，交感神经兴奋占优势，因而心率较快，出现心脏功能性收缩期杂音较多见。青少年儿童心脏收缩力弱，血管壁弹性好，血管口径相对较成人大，外周阻力较小，因此儿童的血压较低。

人体各年龄阶段发育不同，运动时心血管的功能反应也不同；心血管功能的发育不一样，对运动的反应也不相同。青少年儿童时期交感神经调节占优势，心肌发育不完善，运动时主要靠加快心率来增加心输出量以适应运动需要。

根据青少年儿童血液循环系统的特点，在训练中应注意：

1.合理安排运动负荷

青少年儿童的血管壁弹性好，血管口径相对较成人大，心血管能承受一定量的运动，但负荷不宜过大。一般青少年儿童对如60米、100米和200米跑等强度较大且持续时间较短的运动，还有各种活动性游戏、徒手操及哑铃等力量性练习，以及短距离游泳和跳水等活动有一定程度的适应性。而对一些长时间的紧张性运动、重量过大的力量练习以及对身体消耗过大的耐力性练习等，不宜过多采用。

同时，也要注意对不同阶段、不同运动项目循序渐进和区别对待。同年龄的青少年儿童生长发育也有不同，在运动负荷方面应注意区别对待。有的孩子个子高大，心脏的负担量相对较大；有的孩子性成熟发育相对迟缓，其心脏的发育也较迟缓，在运动训练中尽量减少需要"憋气"、紧张性和静力性的练习，以免造成心肌过度疲劳。

2.正确对待"青春期高血压"

出现青春期高血压的学生，如果经常参加各种运动，且运动后无不适反应者，可以照常参加体育活动，但活动要适量，不可过大。还需定期检查，并加强医务监督。

儿童循环系统是一个连续的、密闭的管道系统，由心脏、动脉、静脉和毛细血管组成。幼儿期儿童的心肌薄弱，心脏容量小，肌体为满足身体新陈代谢的需要，心率比成人快，且年龄越小心率越快。所以低龄儿童在进行体育活动时，运动心率要高于各年龄段个体的正常心率，才能保证锻炼的有效性。

四、呼吸系统发育特征

儿童呼吸系统由肺和呼吸道两部分组成，呼吸系统是肌体与外界进行气体交换的器官总称，主要功能是负责完成身体与外界的气体交换。儿

童的胸腔和呼吸肌发育还不够完善，大都采用腹式呼吸。加之，儿童的机体代谢旺盛、需氧量较多，因此，身体会通过加快呼吸频率来代偿，平均每分钟大约较成人多呼吸22次。在指导儿童进行运动的过程中，应根据呼吸的特点，提示儿童以腹式呼吸为主。

青少年儿童胸廓狭小、呼吸肌力较弱、调节功能不完善，且多为浅表呼吸，由于身体新陈代谢旺盛，肺活量、肺通气量也较成人小，因而需要加快呼吸频率，而呼吸深度增加很少。之后，随年龄的增长呼吸深度逐步增大，呼吸频率逐渐减少而肺活量逐渐加大。青少年儿童肺通气量每千克的相对值较大，但绝对值小。

由于青少年儿童氧运输系统的功能不如成人，在进行剧烈运动时，他们的最大通气量和最大摄氧量较低，有氧氧化能力和无氧分解能力都比成人低。因此，他们对强度较大而持续时间较长的运动，适应能力较低，容易疲劳。

根据青少年儿童呼吸系统的特点，在训练中应注意：

1.呼吸与运动动作的配合

一般来说，做肢体伸展的动作时便于肺部吸气，做弯曲动作时便于肺部呼气；在锻炼胸廓肩带等需要固定的动作时，可以采用腹式呼吸；有些动作需要腹肌用力和收缩时，便要用到胸式呼吸；需要用到爆发力的运动和上、下肢体大幅度活动的动作，有时必须暂时屏息甚至憋气；周期性运动项目的锻炼，如游泳、跑步等，呼吸必须有一定的节奏感。大脑皮质调节人体的呼吸运动，合格的老师要教会青少年儿童掌握合适的呼吸方式，使他们在运动中学会呼吸与动作的相互配合，学会有意识地加深呼吸。

2.呼吸道卫生

青少年儿童的呼吸道比成人狭窄,呼吸道的上皮较薄且血管丰富,在季节交替时,儿童呼吸道疾病的发病率逐渐增高,极易引起呼吸道发炎。因此,老师在平时训练中应让儿童注意用鼻呼吸。在运动时,如果仅用鼻呼吸不能满足身体需要,可用口鼻同时呼吸。

3.多采用以有氧代谢为主的练习

在体育锻炼中,要采取积极手段提高青少年的呼吸功能。据研究,长跑、游泳、篮球和划船等项目都能有效地增大肺活量,提高呼吸功能。随着年龄增长以及青春期发育的到来,儿童的呼吸肌也在逐步增强,青少年儿童有氧代谢能力也随之逐渐提高,这时老师可适当增加一些短程的长跑练习。

第二章

青少年儿童身体素质发育及敏感期特点

身体素质是指人体各器官功能系统在全身肌肉工作中的综合反应，是在运动中所表现出的速度、力量、柔韧性、耐力、灵敏性和协调性的总称。

敏感期（sensitive period），是指特定行为和能力发展的最佳时期。身体的各种素质都有其发展的敏感期，这个敏感期大多集中在少儿时期，如果青少年错过了发育的相应敏感期，那么身体素质最终很难达到理想水平。对普通少年儿童而言，在其敏感期发展相应的身体素质可以为日后的技能学习打下坚实的基础。

身体素质发展的敏感期主要有以下几点：

一、力量素质的概念

力量是指人体对抗阻力的能力，是灵敏、速度、耐力与柔韧性等身体能力要素的基础。一定水平的肌肉力量是维持人体姿势、移动自身肢体和克服阻力对外做功的基础。

影响肌肉力量的生理学因素主要有：

（1）肌纤维的横断面积

合理的力量训练会增加肌肉力量，这主要是由于肌纤维横截面积增加造成的，而肌纤维中收缩成分的增加会使肌肉体积增加。研究证明，训练会引起肌肉中的蛋白质增加，即肌球蛋白的增加。力量训练引起的肌肉横断面增大，除蛋白质增多外，还同时伴随着肌肉胶原物质的增多。

（2）肌纤维类型和运动单位

运动单位的类型、大小和肌纤维的类型，都会直接影响到肌肉力量的提升。对肌纤维数量相同的情况而言，快肌纤维的收缩力明显大于慢肌纤维，因为快肌纤维内含更多的肌原纤维，无氧供能酶活性高，供能速率快，因此单位时间内可完成更多的机械功。通常情况下，同样类型的运动单位，神经支配比大的运动单位的收缩力强于神经支配比小的运动单位的收缩力。

（3）肌肉收缩时动员的肌纤维数量

当需要克服的阻力负荷较小时，主要由兴奋性较高的慢肌运动单位兴奋收缩完成，此时动员的肌纤维数量较少。随着阻力负荷的增加，运动中枢传出的兴奋信号亦随之增强，兴奋性较低的运动单位也逐渐被动员，兴奋收缩的肌纤维数量也就随之增多。

（4）肌纤维收缩时的初长度

肌纤维的收缩初长度极大地影响着肌肉可产生的最大肌力，当肌纤维处于一定的长度时，肌纤维的收缩力就会增加。另外，肌肉被拉长后立即收缩所产生的肌力，远大于肌肉先被拉长、间隔一定时间后再收缩所产生的肌力。

（5）神经系统的机能状态

神经系统的机能状态主要通过提高中枢兴奋程度、协调各肌群活动、增加肌肉同步兴奋收缩的运动单位数量来提高肌肉的最大肌力。

（6）年龄与性别

肌肉力量从出生后会随年龄的增加不断发生自然增长，通常在20岁~30岁时达到巅峰，之后随年龄增长逐渐下降。由于男性雄性激素分泌的增多，可以有效地促进男孩肌肉和骨骼体积的增大，使其力量明显大于女孩。

（7）体重

体重大的人一般绝对力量较大，体重较轻的人可能具有较小的相对力量。

1.力量训练原则

（1）大负荷原则

大负荷原则也称为超负荷原则，是指在进行力量训练时，训练负荷应超过训练者已经习惯或适应的负荷。一般情况下，应在全面评估人体的生理承受能力后再进行大负荷训练，注意防止过度训练或运动损伤的发生，尤其在青少年儿童训练中一定要避免运动损伤。

（2）专门性原则

专门性原则是指青少年儿童所进行的肌肉力量练习要与相应的运动技能相匹配，包括专门性的练习某一部位和练习动作的专门性。

（3）练习顺序原则

练习顺序原则是指在进行力量练习的过程中，应考虑前后练习动作的连贯性、科学性和合理性。遵循的原则是：多关节肌训练在前，单关节肌训练在后；先练大肌群，后练小肌群；前后相邻运动避免使用同一肌群；在训练单一肌群时，大强度练习在前，小强度练习在后。

合理间隔原则，是指要把握两次训练课之间的适宜间隔时间，使下一力量训练处在上一训练引起的力量增长高峰期内进行，从而得以累积运动效果。通常来说，较小的力量训练在第二天就会出现超量恢复，中等强度的力量训练应隔天进行，大强度的训练一周训练一次即可。

（4）核心力量优先保障原则

核心力量是指最接近身体重心区域的力量，是整体发力的核心部位，主要由腰—骨盆—髋关节深浅层的稳定肌群和动力肌群组成。核心区力量担负着维持躯干正确姿势、稳定脊柱、固定骨盆以及提高身体的控制力、平衡力等重要作用，对上下肢的协调发力与减力的协同用力效率起着承上启下的枢纽作用。核心力量存在于所有运动项目以及日常生活和劳动中。在运动中对身体姿势、动作技术和专项技能的完成具有稳定和支持的功能，在移动过程中对人体平衡的保持也发挥着重要作用。因此，在安排力量训练时，无论是一般性力量练习还是专项性力量训练，都应优先保障核心区的力量训练。

力量素质分为一般力量和专项力量。对少年儿童来讲，负荷过大的力量训练会阻碍其身体的成长发育，但并不意味着在少年儿童时期就不能进行力量训练。适当的力量训练对少年儿童的肌肉发育、力量、用力姿势都有良好的促进作用。

2.力量素质训练注意事项

青少年儿童在力量素质敏感期的力量训练，强度不宜过大，主要以动力性力量练习为主，要着重发展全身的肌肉组织，发展快速力量。在敏感期的后期，可适当根据所进行的运动项目特点，加入负荷不宜过大的专项力量练习。

青少年即使过了力量素质的敏感期，仍能发展提高自身的肌肉力量，这主要依赖于后天的训练。16岁~17岁是最大力量素质快速提高的第二高峰，这时肌肉加快横向生长，肌纤维横截面积发展较快。最大力量和相对力量均会快速增长，这是力量素质发展的最重要时期。

二、速度素质

1.速度素质的概念

速度素质是指人体进行快速运动的能力或在最短时间内完成某种运动的能力。一般可分为动作速度、反应速度、位移速度。提高速度素质的训练主要有提高动作速率的训练、发展磷酸原系统供能的能力、提高肌肉的放松能力、发展肌肉力量及关节的柔韧性。

在少年儿童时期，速度素质的发展应着重于动作速率的提高。

2.速度素质训练注意事项

（1）反应速度的敏感期在9岁~12岁。这一阶段可通过各种反应训练来刺激中枢神经系统，从而提高反应的速度，但要注意练习时间不宜过长。

（2）位移速度的敏感期在7岁~14岁（男）。发展动作速度和频率主要在7岁~11岁左右；12岁~14岁，在巩固已有的动作速度和频率的基础上，可通过发展肌肉力量来提高速度素质。

（3）动作速度的快慢更多取决于快肌的百分比及相关肌肉力量的大小。

三、耐力素质

1.耐力素质概念

耐力素质是指机体在一定时间内保持特定强度负荷或动作质量的能力。在少年儿童时期,由于心血管系统和呼吸系统尚未发育完善,不易采用较大强度的耐力训练,过大强度的训练会造成少年儿童的心肌壁增厚,较宜采用低强度小负荷有氧耐力训练,可以刺激心肺功能及相关系统更好地发育,注意负荷不宜过大,一周不宜超过两次。

2.耐力素质训练注意事项

在青少年儿童低龄阶段,由于心血管系统和呼吸系统尚未发育完善,较宜采用低负荷的有氧耐力训练,可以刺激相关系统更好地发育。

四、柔韧性

1.柔韧素质概念

柔韧素质是指人体各个关节的活动幅度大小以及肌肉、肌腱和韧带等软组织的伸展能力。柔韧性不仅可以直接影响对高难度运动技能的掌握,也会阻碍速度、协调、力量、平衡能力的发展,柔韧性不足还极易造成运动损伤。特别是对快速、有力、轻松、富有表现力的动作影响更大。

2.柔韧素质训练方法

在发展柔韧性的练习中可采用主动运动、被动运动、阻力运动和助力运动。在健身锻炼与竞技体育中,主要采用主动运动和助力运动。助力运动是加大关节活动幅度的主要训练方法。利用主动运动提高身体柔韧性时,可借助一些器械,如肋木、毛巾、弹力带等,为了加强锻炼的效果,或由于自身力量的不足、因疼痛不敢用力活动时,可采用人工或器械进行助力。而被动运动仅适用于运动损伤后的康复训练。在柔韧训练中比较常用的练习方法有牵张练习,包括冲击性牵张练习和静力性牵张练习。此外,还有本体感觉神经肌肉促进法（PNF练习法）等。

（1）牵张练习

牵张练习也可称为伸展练习，采用拉长挛缩或短缩软组织的方法，其目的是缓解痉挛、减低肌张力、增加组织伸展性和关节的活动范围，降低机体在活动时可能会出现的肌肉、肌腱损伤，是我们在体育课、运动、健身等锻炼的准备活动中最常用的拉伸方法。冲击性牵张练习也称为动态拉伸，是在练习时通过反复的冲击动作牵拉肌肉。静力性牵张练习也称为静态拉伸，在缓慢牵拉肌肉的过程中，当感觉到肌肉被牵拉时，停止动作，保持10秒~30秒后再放松。静态拉伸避免了牵张反射的副作用，其优点是时间短、可独立完成练习、发生肌肉损伤的概率低、锻炼效果明显。

（2）PNF练习

PNF练习即本体感觉神经肌肉促进法，其练习操作原则和方法是：首先在助手的帮助下，使肢体达到关节活动幅度的最大限度，然后被拉长的肌肉用力对抗助手给予的阻力，做肌肉最大强度的等长收缩，坚持10秒左右后放松。然后再次做肌肉最大强度的等长收缩，各次之间基本没有间隔时间，一般重复在3次~5次，关节活动幅度每次提高较明显，之后提高的幅度下降，可重复10次左右。PNF练习能够有效地提高身体柔韧性，且不易引起肌肉损伤，其缺点是练习时必须有他人帮助。

3.柔韧性练习的原则

（1）以关节结构为依据：任何情况下柔韧性的发展，都不应超过关节解剖结构所允许的范围，否则会造成关节损伤。

（2）结合准备活动：柔韧练习应与训练课的准备活动相结合，科学合理的准备活动可以使体温升高，降低肌肉的黏滞性，提高肌肉的伸展性，并可避免运动损伤。

（3）掌握柔韧发展水平：根据专项技术训练的要求，柔韧性的发展并不是越大越好，而是需要顺利完成动作，并符合技能要求即可。

（4）循序渐进的热身：在训练课中，柔韧训练前应该安排不少于10分钟的热身运动，避免肌肉拉伤。开始时动作幅度不要达到极限，应循序渐进，逐渐增大幅度。动态柔韧练习，重复次数也应随训练进程逐渐增加。在完成每组练习之后，须进行伸展关节的放松练习。

（5）结合力量训练：柔韧性的提高，需要有一定的肌肉力量作支撑，肌肉力量的增加可间接提高柔韧性。

（6）加强儿童时期的训练：青少年儿童年龄越小柔韧性就越好，年龄越大柔韧则越差，因此，成长发育阶段是发展柔韧性的最佳时期。儿童期关节韧带的伸展性大，这时开始柔韧训练极为有利。在成年后，只需要坚持练习，柔韧性便可长久保持。

4.柔韧素质训练注意事项

柔韧素质的训练敏感期较早，在幼儿时期就应着重注意青少年儿童柔韧素质的发展。5岁~9岁这一阶段的儿童关节灵活性以及相关的韧带和肌腱的伸展能力最好，这一时期进行科学合理的锻炼，柔韧素质会随着合理的训练得到较快的提高。前期着重发展全身各部位的柔韧能力，后期同样要注重柔韧能力的训练，这样可以减少运动损伤的产生，同时，由于儿童的骨骼发育较为滞后，在发展柔韧素质的同时一定要注意与力量训练结合，避免造成儿童骨折等伤病的发生。

五、灵敏性与协调性

1. 灵敏素质的概念

灵敏素质是指迅速改变体位、转换动作和随机应变的能力。它是运动员运动技能和各种运动能力在运动过程中的综合表现，其突出特点是当环境突然发生变化时，一方面能够随机应变地完成动作，另一方面能够创造出新的动作，以适应新的突变情况。灵敏素质可分为一般灵敏性和专项灵敏性：一般灵敏性通常以急停、起跳、起动、躲闪、维持平衡、改变动作姿态等形式表现出来；专项灵敏性通常是与专项技术的机敏、灵巧、准确、协调等密切相关。例如，体操运动员的灵敏主要表现为转换动作的能力和对身体姿势稳定的控制，球类运动员的灵敏则主要表现为准确地判断外界环境的变化，及时转换动作做出反应的能力。

2. 影响灵敏性的因素

以下三方面的因素可以决定灵敏性的高低：

（1）大脑皮质的机能状态

大脑皮层是控制躯体运动以及皮肤感觉最为高级的中枢，身体受到外力刺激或者进行各项运动时，都由大脑皮层进行调控。想要在运动过程中做出准确的分析和判断，并让身体完成相应的动作，就需要大脑皮质层处于良好的技能状态，这样才能适应运动场上瞬息万变的情况。

（2）感觉器官和肌肉的功能状态

人体在运动时需要对空间和时间有一定的定向定时能力，感觉器官和肌肉的功能处于良好状态时，这种能力也会加强，这样人体在运动时的动作会更加准确、变换迅速。

（3）运动技能的掌握程度

运动技能的形成需要经历从初级、中级再到高级，运动者需要经历不同的阶段来逐渐掌握和提高自己的技能。同时，反馈机制、个体差异与足够的练习量是掌握运动技能不可忽视的重要特征。只有通过不断的努力和学习，掌握的运动技能越多、越牢固，动作才能更加稳定、协调，运动者才能不断提高自己的技能水平，达到更高的成就。

3. 灵敏素质训练原则

发展灵敏性要从几方面入手：提高大脑皮质神经的灵活性；熟练掌握多种运动技能；增强力量、速度、柔韧、平衡和协调能力。在发展运动灵敏性训练时应遵循以下原则：

（1）结合力量、爆发力训练

灵敏动作的过程一般包括起动、急停、快速改变方向等。要克服这些动作过程中身体的阻力，就需要适时增加相应活动关节的肌肉力量，力量大、肌肉收缩快，动作速度就会快，相应的灵敏性也会增强。爆发力是指肌肉在最短时间内收缩所能产生的最大张力，是力量与速度的体现，由于在敏捷性动作表现上，会不断出现起动、再起动的过程，因此，具有良好的爆发力，自然也是增进灵敏性的重要条件。

（2）结合反应训练

在实际运动的情境下，反应可分为两类：一类是简单反应，即人会预知将要突然出现的刺激，并对此做出规律的动作反应，如田径运动员在听到发令枪响后立即起跑，游泳选手听到发令枪立即入水；另一类是复杂反应，是指动作不预定，人体依照刺激条件而做出的不同动作反应，如篮球、网球、乒乓球等运动时，会因球的方向而决定下一个动作的运动都属于此类。就灵敏性的影响而言，复杂反应显然比单纯反应更为重要。

（3）避免疲劳时进行灵敏训练

由于在灵敏性训练中，要求身体始终维持最高的运动强度。因此，要避免在疲劳的情况下进行灵敏训练，否则训练效果不佳，同时也极易导致运动损伤。

4.协调性素质的概念

协调性是指人体在运动过程中，身体各系统、各器官在空间和时间上相互配合完成动作的能力。如躯干与肢体、上肢与下肢、伸肌和屈肌、神经与肌肉、感官和运动感官等机体之间的相互协调与配合。协调性是完成动作的基本条件之一，是人体力量、耐力、速度、平衡、柔韧等各种素质与运动技能协同的综合表现。一个人只有具备良好的协调素质，才能使动作做得省力、快速、舒展、流畅、优美，才能顺利完成高、难、美的运动动作。

5.协调性素质训练方法

由于协调性有着相对广泛而复杂的生理学基础，不同的运动练习方式对人体各器官、系统的刺激程度也不一样，进而产生的适应性变化各异。因此，要想全面提高人体的运动协调性，必须进行多种形式的训练与练习。在训练中常采用的方法有：垫步高抬腿、跳跃绕腿、跳跃放松、抡臂腰绕环、跑跳步振臂、侧并步转体、波浪起、跳跃摆腿、鞭打腿行进、左右击脚跳行进等。

在发展协调性的训练中，除上述练习方法，还有很多种类可促进协调性提高的方法。如单个动作系列重复法、条件刺激练习法、游戏练习法、持器械练习法等。因此，在实际练习中，要不断变换练习方法和内容，提高练习者的兴趣，消除其练习倦怠，促进协调性的全面发展。

六、平衡

1.平衡性素质的概念

平衡是身体所处的一种姿态以及在运动或受到外力作用时能够自动调整并维持姿势的能力。按其性质可将人体平衡分为三种：对称性平衡、静态平衡和动态平衡。对称性平衡是指能否将身体的重量均匀分配到身体支撑点的能力，如人站立时的双脚受力、坐位时的两臀受力是否均等；静态平衡是指人体在相对静止的状态下，维持一段时间身体某种特定姿势的能力，如倒立、金鸡独立、站军姿等动作均为静态平衡；动态平衡是指人体在运动过程中，控制身体姿势的能力，如蹦床、体操、花样滑冰和游泳等均需要良好的动态平衡能力。

进行任何形式的运动都需要人体维持或改变自身的姿势和位置，才能顺利完成不同的运动技能。尽管人体的平衡能力受多器官功能状态的影响，但是，前庭器官、本体感受器和视觉器官是制约人体平衡的主要因素。因此通过训练来改善和提高人体器官的功能，有利于促进平衡能力的发展。

2.平衡性训练的方法

在青少年儿童平衡训练中，多采用主动训练法，如：弹网蹦跳、荡秋千、球类运动、摇头操、吊环旋转、空翻、滚翻、站在高处向下看等方法。

七、青少年儿童体能老师必备儿童运动敏感期

对不同年龄段青少年儿童的身体素质、社会心理特征及训练方法

年龄	身体素质	社会心理	训练方法
3岁~4岁	协调、平衡的敏感期	专注力和规则意识培养的关键期	正确的站、走、跑、跳、翻滚等姿势训练，在运动中培养孩子的规则意识和专注力
4岁~5岁	协调和耐力素质的敏感期	自律性、自我控制能力的关键期	以耐力协调及有氧耐力为主，教孩子拍球、传球、投掷、翻滚、跳跃、跑步等循环训练法，在运动中培养孩子的规则意识、自控力、团体协作以及聆听和交往能力
5岁~6岁	协调、灵敏的敏感期	专注力、规则意识、自我控制能力的关键期	协调性和灵敏训练为主，通过各种滚翻类动作、基本运动技术侧手翻、倒立以及跳绳、传接球等，锻炼孩子的反应能力，增加孩子自信心，增强自我激励、规则意识和自控力的培养
6岁~8岁	协调、柔韧、灵敏的敏感期	团队精神、交往能力、自信心能力的关键期	各种灵敏训练动作、跑步的起跑反应、基本体操技能、球类技能，培养孩子的团队精神、交际能力，激发孩子的运动激情和培养运动习惯
8岁~12岁	协调性、灵敏、力量的敏感期	团队合作、自信勇敢、自我解决问题能力培养的关键期	培养科学运动的基本知识，运动技能进阶技能，跑步的完整训练，正确的激活、放松技巧及动作，在运动中培养团队精神、合作意识、自信心以及敢于面对困难、战胜困难的能力

八、与儿童相关的其他敏感期

掌握这些，让你和家长沟通的时候游刃有余

- 光感的敏感期（0~3个月）
- 味觉发育敏感期（4个月~7个月）
- 手部发育敏感期（6个月~12个月）
- 大肌肉发育敏感期（1岁~2岁），小肌肉发育敏感期（1.5岁~3岁）
- 细微事物敏感期（1.5岁~4岁）
- 语言敏感期（1.5岁~2.5岁）
- 自我意识敏感期（1.6岁~3岁）
- 社会规范敏感期（2.5岁~4岁）
- 空间意识敏感期（3岁~4岁）
- 色彩敏感期（3岁~4岁）
- 逻辑思维敏感期（3岁~4岁）
- 剪贴涂动手能力敏感期（3岁~4岁）
- 藏、占有敏感期（3岁~4岁）
- 执拗敏感期（3岁~4岁）
- 追求完美敏感期（3.5岁~4.5岁）
- 人际关系敏感期（4.5岁~6岁）
- 审美敏感期（5岁~7岁）
- 身份敏感期（4岁~5）
- 性别敏感期（4岁~5岁）
- 数学概念敏感期（4.5岁~7岁）
- 认字敏感期（5岁~7岁）
- 绘画和音乐敏感期（4岁~7岁）

第三章

运动技能的学习过程

> 本章内容在老师讲课或者家长咨询过程中使用非常多。有的家长会问:"我的孩子什么时候才可以练得像××一样厉害?"有的家长会问:"我家孩子练了一学期了,怎么还不能如何如何?"有的家长是望子成龙心切,有的只花了有限的时间、但希望达到超越的效果。这时老师要是回答很直白就会伤害到家长和孩子,同时也显得不够专业,用下文专业的理论知识来回答就很完美。
>
> 以下是作者与家长沟通的经验,希望能有助于老师的日常工作。

运动技能是指通过学习形成的有法则的操作活动方式,是复杂的一个动作接连一个动作的肌肉所感觉的运动条件反射。它的形成要经历肌肉感觉不明、分化、巩固稳定和自动化等过程,而这几个过程前后相联,在运动条件反射形成过程中逐渐过渡。根据动作的复杂程度,可划分为相互联系的三个阶段。

一、泛化过程

任何一个动作在学习的初期,单纯通过老师的讲解和示范以及自己的实践,只能获得一种感性认识,并不能完全理解运动技能的内在规律。人体对外界的刺激,最先通过感受器官传到大脑皮质层,再引起大脑皮质细胞的强烈兴奋,因为皮质内分化抑制尚未确立,所以大脑皮质中的兴奋与抑制都呈扩散状态,致使人体的条件反射暂时联系不稳定,出现泛化现象。这个过程中肌肉工作的表现往往是动作僵硬、不协调、不该收缩的肌肉收缩、出现多余的动作、做动作很费力等,这些现象都是大脑皮质细胞兴奋扩散的结果。老师应该抓住所学动作的重要细节和教学中存在的主要问题进行重点教学,不用过多强调每个动作的精确性，而应以正确的示范和简练的讲解帮助学生掌握动作。

二、分化阶段

在不断的练习过程中，初学者对该运动技能的内在规律有了初步的理解，一些不准确或者多余的动作也在逐渐消除。此时，大脑皮质运动中枢兴奋和抑制过程逐渐集中。由于抑制过程加强，特别是分化抑制得到发展，大脑皮质层的活动就由泛化阶段进入了分化阶段。大部分错误动作能得到及时的纠正，可以比较顺利地、连贯地完成全套技术动作。这一时期初步建立了动力定型，但定型尚不巩固，如遇到新奇刺激，多余动作和错误动作可能会重新出现。在此过程中，老师应特别注意错误动作的纠正，让学生体会动作的细节，促进分化抑制的进一步发展，使动作日趋准确。

三、巩固和自动化阶段

（一）巩固阶段

通过进一步的反复练习，运动条件反射系统已经巩固，达到了建立巩固的动力定型阶段，大脑皮质的兴奋和抑制在时间和空间上更加集中、精确。此时，不仅动作准确、优美，而且某些环节的动作还可以出现自动化，即下意识地去做就能完成动作。在环境条件变化时，动作技术也不容易被破坏。同时由于内脏器官的活动与动作配合协调，完成练习时也感到省力和轻松自如。

运动技能的三个过程是相互联系的，各过程之间并没有明显的界限。在学习新动作时，训练水平高的运动员泛化过程很短，对动作的精细分化能力强，掌握运动技能更快。初学者在学习新动作时，泛化过程较长，分化能力较差，掌握动作就会比较慢。动作越复杂，泛化过程就越明显，分化的难度也就越大，形成运动技能所需要的时间就越长。

（二）动作自动化现象

随着运动技能的巩固和发展，很多动作会出现自动化现象。所谓自动化，就是练习某一套技术动作时，可以在无意识的条件下完成。其特征是：将整个动作或者是对动作的某些环节，暂时变为无意识的。

动力定型发展到了巩固阶段，并非一劳永逸。一方面，还可在继续练习巩固的情况下精益求精，不断提高动作质量，使动力定型更加完善和巩固；另一方面，如果不再进行练习，巩固了的动力定型还会消退，动作技术越复杂，难度越大，消退的也越快。在此过程中，老师应对学生提出进一步要求，并指导学生进行技术理论学习，更有利于巩固动力定型和动作质量的提高，使动作达到自动化。

第四章

青少年儿童体能教学方案设计原则

一、发展性教学原则

发展性教学原则的定义：教学的内容、方法和进度既要适合学生的发展水平，又要有一定难度——学生经过努力才能掌握，以便更有效地促进学生身心的发展。一是青少年儿童正处于人体生长发育中期，与成人相比，更具有可塑性。二是青少年儿童发展的可能性是无限的，并且应该是基于身体发展的全面发展或多元发展。除身体发展外，还应该包括智力的发展、道德情感的发展、意志的发展和心理的发展等。

发展性原则的基本要求

第一，基于青少年儿童的整体发展水平，对青少年儿童身体素质发展水平和阶段性进行评估。在评估的基础上进行适合孩子能力和水平的体能教学，同时要避免让年龄成为发展的障碍，不要以年龄作为唯一指标对孩子的发展水平进行判断。其实，孩子的动作在完成自然发育后，想要得到进一步发展，是需要专门学习的，否则就会停顿在某一发展阶段，动作技能并不会随着年龄的增长而自然发展。评估的意义还在于可以帮助我们找到青少年的"最近发展区"，从而做到"跳一跳，可以摘到桃子"，实现发展的连续性和可持续性。

第二，坚持发展既是手段也是目的的理念。老师要按照青少年儿童心理发展和动作发展的顺序，循序渐进地安排教学内容，从而促进青少年儿童的身体不断发展。

第三，家校发展相统一。家庭和校园是青少年儿童生活的两大主要场所，对青少年儿童的成长影响最大，也最为直接。作为影响青少年儿童动作发展的主导因素，需加强两者之间的联系和沟通。

二、全面性教学原则

全面性教学原则是指在教学过程中，根据青少年儿童发展的需要，让青少年儿童接受全面的锻炼，以促进其身体基本功能、基本动作和自身机能的协调发展。青少年儿童功能性动作的发展是形成动作技能的基础，在技能形成的过程中，也会对功能性动作形成反作用。

在教学过程中，要对青少年儿童进行全方位的训练，不能过早地进行专项化训练。技能的形成需要经过长期的反复练习，青少年儿童在练习中身体会逐渐适应运动强度，从而形成相应的身体形态、运动技能和身体机

能。只有对青少年儿童的动作进行全面的训练，才能避免过早专项化带给他们的片面影响。

在教学中贯彻全面性原则要求

第一，将全面发展与长期发展相结合。在发展青少年儿童优势的同时，我们也要用全面和发展的眼光来看待问题，在教学中既不能抓住细节问题不放，也不能过度发展。经常会有教师或家长看到孩子在某一方面的优点突出，比如色彩感好、肢体协调、运动能力强、唱歌好听等，就让儿童只练习绘画、舞蹈、音乐、运动等某一单项活动，这样就会过度强化某一方面的能力，从而忽视了青少年儿童的全面发展，动作技能也是如此。

第二，坚持青少年儿童的全面发展是实现成人全面发展的基础。实现人的全面发展是现代教育的共同目标。研究表明，人在儿童时期形成的动作能力对其成年后的动作能力有非常大的影响。青少年儿童动作技能的成熟程度可以反映出他们神经肌肉的发育程度，同样，动作技能的练习也可以促进神经肌肉系统的发育。

第三，坚持全面发展既要注重"发展敏感期"，也要兼顾"发展不成熟"。发展不成熟论是当代西方发展心理学界新近出现的一个重要研究课题，可以在实践中为青少年儿童教育提供指导意见，发展不成熟不是发展不良，不成熟在青少年儿童成长中有其独特的价值，这是青少年儿童有更强适应性和可塑性的基础。家长和教师应该正确对待这种发展不成熟，而不能简单地认为孩子"笨"或不聪明。

三、有序性教学原则

有序性教学原则是指教学工作要根据青少年儿童身心发展的情况和动作发展的逻辑结构，有步骤、有次序地逐步实施教学方案，以期教学流程能够契合青少年儿童身心发展的每一个阶段，从而更好地为孩子所接受。青少年儿童动作发展是按照由头到尾、由近端到远端、先大肌肉群动作再发展到精细动作等一定顺序进行的。

在教学中贯彻有序性原则的几点要求

1. 掌握好需要学习的动作技能的有序性。
2. 抓好技能形成过程的有序性。
3. 抓好青少年儿童技能学习的有序性。

四、激励性教学原则

激励性教学原则就是在教学过程中激发与培养学生学习的动机，鼓励和赞许学习中出现的积极信号，进而使青少年儿童的学习形成持续的心理环境。激励性教学原则是教学过程中教师主导作用与学生主体地位双向互动规律的客观反映。青少年儿童与成人的激励方式有很大区别，青少年儿童的心理活动相对简单，对很多事物有天然的好奇心和兴趣，但其很难长时间地保持注意力，在教学中就需要老师们多鼓励，受到正向激励的青少年儿童在注意力、专注力等许多方面都会有所提升。

在教学中贯彻激励性原则的要求

第一，要坚持顺应青少年儿童发展的自然规律。教师的激励需要尊重学生的个性和自身潜力，要着眼于青少年儿童全面发展的需要，不可过度激励和盲目激励。

第二，要坚持采用正面激励为引导。青少年儿童的心理比较简单，对教师的表扬和夸奖会有很大的认同感，他们会因为教师的一句表扬而高兴一天，甚至几天。教师在动作教学中要使用表扬性和肯定性的语言、语气，要多发现青少年儿童在完成动作时的优点，在出现错误或不规范的动作时，也尽量不要用严厉的语言批评或指正，而是表扬学生们的努力和进步。

第三，培养青少年儿童自我激励能力，努力挖掘自身潜能。

五、直观性教学原则

直观性教学原则是指在教学过程中要通过学生观察或教师语言引导学生形成对所学事物、过程的清晰表象，丰富他们的感性认识，从而使他们能够正确理解所学知识和发展认知能力。动作教学中，直观性有利于青少年儿童完整、快速地学习，青少年儿童的逻辑思维能力尚未形成，思维方式以形象思维为主，学习事物要通过观察和模仿来进行。

在教学中贯彻直观性原则的要求

第一，教师在示范或展示教学动作时要精彩、漂亮，要能吸引住青少年儿童。对青少年儿童来讲，动作一定要精彩，甚至可以有适度的夸张甚至炫酷，这样才能吸引青少年儿童的注意力，引发他们的学习兴趣。

第二，对不同年龄段的青少年儿童，教师示范和展示的内容要有所区别。不同年龄的孩子模仿能力和动作学习能力有很大的差别，年龄越小的儿童越要从整体上进行展示，不能过分强调动作细节。

第三，要坚持教学示范和展示的正确性与规范性。在教学的过程中，教师示范和展示时的角度与方向，要考虑青少年儿童的接受能力。首先，要保证动作的准确与正确，不能有"比画一下就可以"的想法，即使孩子们不能像教师一样将动作做得准确到位，但他们却可以从教师的动作中读懂是认真还是敷衍。其次，在做示范时，要将正面示范、侧面示范和背面示范相结合，其中以正面示范为主，孩子们可以看到教师的面部表情是非常重要的。

六、差异性教学原则

差异性教学原则是指教师要注重学生的个体差异，鼓励学生根据自身兴趣和特点进行研究，加强学生的主体性和参与性，有的放矢地进行教学，使每个学生都能扬长避短，获得最佳的发展。

在教学中贯彻差异性原则的要求

第一，教师要以青少年儿童为中心来思考问题。每个孩子都不一样，都有自己的兴趣、特长，这是他们的个性；但是，孩子们也有共性的一面。在实际教学中，教师往往会不自觉地比较孩子们，这时就会忽略个体差异。

第二，教师要设计灵活性和个性化并存的教学内容，以满足青少年儿童差异性需求。但在实际教学中，教师通常会采用不同的教学方式来体现因材施教，很少在教学内容上进行调整。

七、趣味性教学原则

趣味性教学原则，简单来说就是教学方法和教学内容要生动有趣，具体是指在教学过程中，教师可以通过生动幽默的语言、灵活多变的教学技巧、直观形象的表达以及富有感染力的情绪等方式，最大限度地增加课堂活力、激发青少年儿童学习兴趣、增强教学效果的一种教学方式。

在教学中贯彻趣味性原则的要求

第一，通过精心设计教学内容提高青少年儿童对课程的兴趣。教师可以通过设计教学环境、改进教学方法和教学器材等方式提升自己的教学经验，把严肃枯燥的课程变得生动有趣，引起青少年儿童的学习兴趣，从而提高教学效率。

第二，趣味性可以以游戏为主，但不应是全部。

第三，青少年儿童兴趣与情绪的培养需要引导才能保持。对孩子来讲，兴趣产生得很快，但消退得也很快，很多时候与孩子的情绪有关，对青少年儿童情绪的激发和引导可以较好地帮助他们保持兴趣。

第五章

青少年体能教学方法及互动策略

第一部分 青少年儿童体能教学方法

本章主要讲老师在平时课堂中使用的各种教学方法，在设计课程的时候能够有更多的思路，同时在面对不同孩子进行授课时，可以有更多的教学方法，可以更加科学化地完善教案与课程内容。根据每个孩子的不同特点，可以有针对性地安排教学方法，与家长进行沟通交流，增强家长对老师的认可度，提升专业形象。

青少年儿童在成长阶段是人体各种动作技能形成的敏感期，是培养动作习惯、发展基础动作的关键期，这个时期养成正确的基本动作，会给未来的劳动能力、生活能力、运动能力等能力的发展打下坚实的基础。因此，青少年儿童体能教学方法应遵循青少年儿童教学活动设计理念和原则，确定科学合理的青少年儿童体能教学的组织形式、语言表达和肢体展示等方法。

一、青少年儿童体能教学方法和练习方法

根据教育学相关理论，青少年儿童体能老师在教学活动中要依据青少年儿童身心特点，选择教学内容和方法，常用的教学方法包括：游戏教学法、语言教学法、直观教学法、练习教学法和情境教学法。

（一）游戏教学法

游戏教学法是将教学内容和生动有趣的游戏结合起来的教学方法，是大多数体能老师给青少年儿童授课时采用的最基本的一种方法，无论是单独使用还是结合其他教学方法使用，游戏教学法总能达到良好的课堂效果。青少年儿童在3岁~6岁这个阶段对事物的认识能力有限，老师将适宜的体育技能和理论知识融合到游戏中，孩子们接受起来会更加容易。

（二）语言教学法

语言教学法也是一种较为基本的教学方法，青少年儿童学习的知识主要是通过教师进行讲解。这时，教师的角色就尤为重要，要尽量选取一些适合青少年儿童的知识来传授。

（三）直观教学法

直观教学法即利用教具作为感官传递物，通过一定的方式、方法向学生展示，达到提高学习效率或效果的一种教学方式。直观教学法包括对事物的直接观察、影像图片、语言描述。在青少年儿童体能课的具体实践中，为了提高孩子们的注意力，老师可以通过展示影像和图片，在课堂上直观地呈现教学内容。

（四）练习教学法

青少年儿童体育教学的一个重要目的就是帮助孩子们提高运动能力，练习教学法便是实现这一目标的基本方法。先由老师示范动作并进行一定

的讲解，学生根据老师的讲解进行练习，在不断的练习过程中逐渐加深记忆，最后熟练掌握动作，提高运动能力。这种教学方法是将青少年儿童作为整个教学活动的主体，有利于激发他们的学习兴趣，增强内心成就感。

（五）情境教学法

在情境教学法中，教师根据动作练习的内容，将青少年儿童置身于一种具体的情境之中从而完成教学。青少年儿童接受新事物的能力与水平是有限的，特定情境的设置可以让学生自觉融入，以便更有效地接受相应的知识。

二、青少年儿童体能练习方法

对练习方法进行分类可以帮助人们更好地认识体能练习方法，了解体能练习方法的特点。主要从以下四个维度进行分类：

（一）根据练习动作类型分类

可分为走的练习方法，跑的练习方法，跳的练习方法，钻的练习方法，攀爬的练习方法，平衡的练习方法等。

（二）根据运动负荷大小分类

可分为小负荷练习方法，中等负荷练习方法，大负荷练习方法。

（三）根据动作练习内容分类

可分为耐力练习方法，平衡练习方法，力量练习方法，速度练习方法，柔韧练习方法以及协调练习方法等。

（四）根据具体操作手段分类

可分为重复练习法，间歇练习法，循环练习法，持续练习法，变换练习法，完整练习法，分解练习法等。

第二部分 青少年儿童教学过程中的互动策略

第一节 体育老师师生互动概述

一、体育师生互动的内涵

体育师生互动是指在运动的各环节中，老师与学生之间发生的各种形式、性质、程度的心理交互作用或相互影响行为的过程。师生互动的目的是增进师生之间的情感，有利于师生之间相互了解，促进孩子们学习的进步和身心的健康发展。优良的师生互动能够调动孩子探索周围世界的积极性，促进学生社会性的发展，满足其情感的需要。师生互动的质量还会影响到教学工作的质量，师生互动的情况在很大程度上决定了孩子的发展状况。

二、师生互动的原则

（一）发展性原则

师生互动中的发展性原则是指无论是老师还是学生开启的师生互动，出发点和归宿都是以促进学生的发展为主。

1.师生互动中的一切都是为了孩子发展

在师生互动中，老师要以辅导者、引导者、促进者、支持者的角色出现，而不应作为代劳者、替代者出现，教育的目的是让孩子们在面临各种问题时学会独立思考，具备独立处理问题的能力，摆脱对老师的依赖，成为具有独立性、充满自信的个体。

2.理清师生互动中的发展思路

在实践教学中面对师生互动时，我们应该根据"当前的互动事件有何发展价值"和"如何应对当前的互动事件对孩子的发展更有利"这两个问题来厘清自己的思路，从容应对师生之间的互动，努力利用好每一个互动事件，促进学生更好的进步。

3.对师生互动中的学生发展要有一个全局的视角

利用师生互动促进学生发展，这里的发展应该是身心全面的、和谐的发展，不能为了促进某一方面的发展而忽略了其他多方面的发展，更不能以牺

牲其他方面的正常发展为代价去促进某一方面的发展。

4.调动同学们参与互动的积极性

师生互动必须调动学生参与的积极性，没有学生积极参与的师生互动对学生的发展几乎是没有意义的。因此，老师必须随时关注学生的实际发展需要，而且要考虑如何以孩子喜欢的方式支持他们的学习过程，让孩子觉得与老师在一起很有"玩头"。

（二）平等性原则

在师生互动中，老师要以平等的身份与学生互动，让学生感觉到自己的话语、主张、意见、情感在互动中都得到了尊重。学生只有体会到与老师是平等的，在师生互动中才会展示真实的自我，师生互动才会是令人愉快的活动，才能成为一种互相需要。

在师生互动中遵循平等性原则，老师应该注意以下几点要求：

1.做个耐心的倾听者

有效师生互动的基础是：听听学生怎么说，听听学生怎么想，听听学生的需要，听听学生的心声，这些都是理解学生的基础。当老师对学生的某些言行不理解时，不要凭主观臆测给其下结论，此时不妨问一问学生："你为什么这么说？""你怎么想到要这样做呢？"这样往往可以听到学生的真实想法，听完后，老师就会理解学生为什么这么做、这么想，便可以更好地与他们进行沟通交流了。

2.尊重青少年儿童

青少年儿童是独立的个体，他们有自己的思想、有自己的经验、有自己的情感和需要，老师应该平等地与他们相处。那些经常以训斥、命令、不容置疑的口吻与学生说话的教师，往往是不受孩子们欢迎的，学生不愿意与他们互动；而那些平易近人的、经常用商量探讨口吻与学生交流的老师，往往非常受学生的欢迎，并乐于同他们互动。

因此，师生平等不是仅仅"蹲下来""保持视线平行"的说话方式，而是与学生在心灵和人格上的平等。要让青少年儿童感受到他们的思想、需要、情感和人格，在师生互动中都受到了充分的尊重。不要以"至高无上""不容挑战和质疑"的权威者身份出现，而应该以平等的"同伴""玩伴"的身份出现，让学生觉得教师"没架子"，这样才有利于建立和谐的师生关系，更有利于学生的健康成长。

3.富有童心

教师要富有童心，才能站在学生的立场与角度观察他们、研究他们、理解他们，也只有这样才能融入他们的生活和学习，才能成为他们中的一员，并与他们积极互动。

4.虚心向学生学习

老师与学生交往的过程中，不仅要以教育者身份出现，更要以学习者的身份出现。在师生互动过程中，学生要向老师学习，老师也要向学生学习，给学生当老师的机会，这样更有利于让学生感受到与老师的平等关系，他们也会更乐于与老师交往。经常发现学生比老师优秀的一面，学会表扬学生的优秀，经常向孩子讨教，有利于促进积极的师生互动关系，也

有利于孩子的发展。

5.积极有效地回应学生开启的师生互动

研究发现，在教学过程中75%以上的互动是由老师发起的，只有不足25%的互动是由孩子发起的，即便是由孩子主动发起的互动，其主导者往往也是老师。在实际的体育教学中，有些老师对孩子们发起的互动信号反应相当迟钝，要么注意不到，要么没有反应，甚至有个别老师尽管注意到了孩子发出的互动信号，但并没有做出回应。

因此，为了促进师生互动的有效开展，老师不仅要重视开启师生互动的策略，还要重视研究如何有效应对学生开启的师生互动，准确及时地把握学生开启师生互动的信号，积极有效地应对这一互动，进而不断地激发孩子们参与师生互动的积极性，促进师生互动的良性循环。

（三）公平性原则

在师生互动中，老师要公平地对待每一个孩子，让每个孩子与老师都有机会进行互动。老师能否在互动中公平地对待每一个孩子，不仅会影响到孩子参与互动的积极性，严重时还会影响青少年儿童的心理健康。

在师生互动中遵循公平性原则，教师应注意以下要求：

1.机会均等

在师生互动中要保证每个孩子都有均等的机会，这些机会包括积极参与老师开启的互动和学生主动开启的互动得到老师的积极回应。师生之间的互动是青少年儿童认识社会的一个窗口，对孩子而言，老师的一个鼓励的眼神、一句口头表扬就能让他快乐很久，这些都有利于青少年儿童心理素质的健康发展。

2.补偿原则

有些青少年儿童由于先天遗传或后天教育等因素，会表现出特别内向、运动能力较弱等现象，甚至极个别孩子还伴有性格缺陷，他们特别不喜欢甚至害怕与老师互动，这就要求老师在进行训练时给予他们更多的关照，提高他们的自信，使他们逐渐适应并喜欢与老师互动。

（四）差异性原则

在互动中老师要根据不同的互动个体、不同的互动内容、不同的互动目标，采取不同的互动策略和措施，有效地促进学生身心的发展。

在互动中遵循差异性原则应注意以下几点

1. 根据青少年儿童个性的不同在互动中采取不同的措施；
2. 根据青少年儿童个体能力的差异给予不同的互动任务；
3. 根据青少年儿童经验背景的区别选择不同的互动内容；
4. 根据青少年儿童年龄阶段的分布选择不同的互动形式；
5. 根据青少年儿童对互动目标的需求采取不同的措施。

（五）温暖性原则

师生之间的互动，要让学生体验到老师对他的接纳、尊重、热情、认同、支持、鼓励、保护和回应等温暖的感觉，有利于提高互动的效率。

在互动中为了让孩子感受到老师的温暖，老师应该注意以下方面：

1.温暖是无条件的

温暖是师生互动中的一项基本原则，温暖不仅是手段，更是目的。不仅要让学生在互动中感受到运动带来的身体温暖，还能给心灵以"温暖"，让学生学会温暖自己和他人。因此，无论孩子情况如何、听话与否，他们都有从老师那里获得温暖回应的权利。

2.掌握温暖的技能，随时让学生感受到老师的温暖

老师可以通过感性的口头语言、温和的肢体语言，让孩子们感受到来自老师的温暖。在互动中，老师要放弃使用冷漠的肢体语言，如食指指点、背手、交臂等带有距离感的肢体动作。

三、师生互动的一般策略

（一）正确理解学生

正确理解青少年儿童的想法是与其开展积极互动的基础。老师要学会观察学生，研究学生，了解学生，因此，老师应加强心理学等相关学科知识的学习，这样才能更准确地理解学生真实的想法。

（二）与学生建立良好的情感关系

师生之间关系融洽，孩子们就愿意与老师积极开展互动，而且乐于在互动中接受老师的引导教育。因此，老师要努力和每一个孩子建立良好的情感关系。

1. 关照孩子的需要；
2. 与家长的积极互动，要让孩子看得见；
3. 逐渐建构与孩子的相似性；
4. 主动、热情，和孩子有矛盾要及时、主动化解；
5. 对孩子要温和、友善；
6. 告诉孩子"老师喜欢你"；
7. 为每个孩子做点事。

（三）做个能给孩子带来快乐的老师

追求快乐是人的本能，师生之间良好互动的实质也是对快乐的一种追求。因此在互动中，老师应该努力给孩子带来快乐的体验，为此要注意以下四点：

1. 注意快乐资源的积累；
2. 让快乐成为职业的主导情绪；
3. 逐渐塑造快乐的性格；
4. 将快乐作为设计与组织教育活动的出发点和归宿。

（四）做个有魅力的学生老师

有魅力的老师会让孩子觉得心情愉悦，孩子喜欢与有魅力的老师互动，乐于与其相处，乐于听其教导，并为能与之亲近而高兴。为了增强老师在孩子心目中的魅力，老师要从以下三个方面努力：

1. 给孩子以美好的形象；
2. 通过各种形式向孩子展示自己的才艺；
3. 学习一些小魔术以增加老师在孩子心目中的神秘感。

（五）让学生掌握与老师互动的技能

绝大多数孩子是有与老师互动的愿望的，但在实际教学中有许多孩子从未与老师主动互动过，原因就在于他们不知道如何与老师互动。因此，为了增进师生间的积极互动，我们应该教会孩子与老师交流的一些基本技能。

1.青少年儿童需掌握的师生互动技能

孩子应该掌握的互动技能包括：开启互动的技能（如向老师提问的技能、向老师求助的技能、向老师"告状"的技能——什么事应该告状、什么事不应该告状、应该如何告状等）和应对老师开启的互动技能（如回答老师提问的技能、应对老师的问候等）。掌握了这些技能，孩子们和老师互动就不会胆怯了，他们在与老师沟通时就能得心应手，享受互动的快乐。

2.掌握传授互动技能的方式方法

老师可以通过如下方式来提高孩子互动的技能：

（1）榜样示范法

榜样示范法就是以老师自己或表现良好的学生的言行为榜样，进而提高学生掌握互动的技能。运用此方法应注意：

A．演示和示范等要正确、清楚，动作不要太快，要让全体孩子都能看清楚。

B．动作技能示范必须与语言指导紧密结合，边讲边做。这样既能防止孩子注意力的分散，也可弥补直观的某些不足。一般在技能示范前，老师先要给予必要的说明，指出明确的观察任务；在示范的过程中，要及时提出问题，指引观察方向；在示范后要做好小结，引导感性知识向理性知识升华。

C．技能示范者可以是老师，也可以是孩子。有时孩子示范比老师更为有效，因为孩子之间有更多的相似性。

（2）情境模拟教学法

所谓情境模拟教学法就是根据互动所要掌握的技能来创设与真实的师生互动相似的场景，由学生来扮演场景中的不同角色，在整个教学活动过程中老师只起到指导作用，最后进行总结的一种虚拟实践性教学方法。这种方法的操作性和实效性非常强，能让孩子身临其境，在模拟情境中去体验、感悟、探究，从而获得认知、情感和行为等各个方面的发展。

老师可以根据不同的互动及其要求，创设相应的模拟情境，通过集体演练和小组演练，让学生逐渐掌握各种互动技能，进而促使学生愿意与老师互动，会与老师互动。

（3）随机教育法

所谓随机教育法，就是指在老师教育计划之外的，根据客观情况提供的教育情境而临时组织进行教育的方法。教师可在平时随机出现的师生互动中对学生进行相应的师生互动技能教育，这样的教育不用刻意设计和组织，只要善于抓住随机出现的互动机会对孩子进行相应的教育，就可以取得比较理想的效果。其优点就是不需要特定的场景设计，不需要另外找时间，教育场景真实，效果比较明显。

因此，老师要善于抓住日常生活、教学活动、游戏活动等环节中的师生互动时机，及时有效地对学生进行师生互动技能的教育，进而促进学生互动技能的提高。

（六）参与孩子的活动

老师要以恰当的身份参与到孩子们的活动中，这也是老师应对青少年儿童开启互动或者老师发起互动的一种策略。老师以什么样的身份参与孩子的活动更有利于互动呢？研究表明，老师以观察者、玩伴、支持者、欣赏者和鼓励者的身份，以游戏的心态参与孩子的活动能有效促进孩子的发展。

1. 观察者

老师可以通过观察学生的言语、情绪表情等各种行为的表现，了解他们的兴趣、能力水平、发展状况、需求、所处环境等，进而为有效开启互动或应对学生开启的互动奠定基础。

2. 玩伴

老师应以学生玩伴的角色参与到学生的活动中，成为学生忠实的、"更有能力"的、平等的玩伴，站在学生的视角和他们一起参与活动，为学生创造一个具有较强的心理安全感和自由感的环境，成为学生中的一员。在这种环境下，学生可以全身心地投入活动，尽情发挥创造能力，汲取知识和营养。

3.支持者

老师以支持者的身份参与学生的活动，即在参与学生活动的过程中，为学生提供适当的物质支持和精神支持。

4.欣赏和鼓励者

老师应该是发现宝藏的人，能挖掘孩子潜在的资源。老师不仅要发现孩子的闪光点，而且要引导他们去发现其自身的闪光点，使他们学会自爱，相信自己是独特的，相互欣赏，让互动充满快乐。

游戏是学生生活中重要的一部分，在学生眼里一切皆可进行游戏。因此，老师要学会以游戏的心态来与学生进行互动，这样才能让师生之间的互动充满快乐，进行的更加顺畅。

第二节　老师开启的师生互动类型及其策略

在教学中由老师开启的互动方式很多，其中主要有：提问中的互动、约束纪律中的互动、抚慰情绪中的互动、让学生帮助老师做事中的互动、问候活动中的互动、向学生表达情感中的互动、询问学生中的互动、指导中的互动、共同游戏中的互动九种。

一、提问中的互动策略

学生在体能训练中提问，不仅可以检查教学效果，更有利于开启积极的互动，提高他们学习的兴趣，促进学生认知能力的发展，还可以增进师生之间的感情。

（一）提问互动中的注意事项

1. 老师预设问题

老师在课前或课中根据想要达到的教学目标，需提前设计出各个环节要向孩子们提出的问题，有的问题需要老师在备课时提前设计好，有的问题则是随着教育活动的进行随机生成的。

老师在预设问题前一定要了解学生相关内容的学习进度，然后再设计出与其能力相适应的问题。如果一位老师提出的问题，绝大多数孩子一两秒之内就能举起手来，说明这个问题没有任何挑战性，没有让孩子去思考，甚至孩子可以不加思索就回答出来，那么这样的问题就达不到让孩子们深度思考的目的。

2.老师向孩子提出问题

老师在向孩子们提问时的语气和态度也是很重要的，要用孩子能理解的语言、良好的态度、适当的语速向孩子们提出问题，这对促进师生有效的互动是很有帮助的。

3.老师等待孩子回答问题

老师在教学中提出问题后，一般要停顿3秒至5秒的时间，给学生们充分的思考时间，让他们思考后再回答。

4.孩子回答老师提出的问题

孩子在思考的基础上，对老师提出的问题按照自己的理解给予回答。在孩子回答问题时，老师应该一直微笑着，目光温和地看着孩子，并且耐心地倾听孩子对问题的见解。

5.老师点评孩子的回答

当孩子回答正确时，要给予充分的肯定——肯定他对知识和技能的正确理解，肯定他积极、认真地回答问题的态度。

当孩子回答不正确时，要肯定他们勇于表达自己的看法。同时，对孩子的"错误答案"绝对不能简单否定，而是要问一问孩子："你是怎么得出

这样的结论的？""你是怎么想的？"——说不定听完孩子的解释后，你会发现孩子的"错误"是有一定道理的；或者孩子在对自己的答案重新思考后，会发现错误所在，进而得出正确的答案。

6.老师针对孩子的回答内容生成新的问题

老师在孩子回答问题的内容基础上提出新的问题，使通过提问引发的互动话题不断深入。而且在问答互动中孩子也会产生新的问题，这样的活动才会更有意义。

（二）提问要努力引发孩子思维的创造性

老师的提问要具有开放性，要让回答问题的孩子有话可说，这样才更有利于调动儿童思维的创造性。

（三）提问要给孩子公平的表现机会

教师在课堂中的提问互动要让每个孩子都有平等的机会参与其中，这样孩子们才会以更积极的心态去互动。如果每次提问都是固定的几个学生与老师进行互动，那么其他害羞或者抢不到回答机会的孩子就会逐渐失去兴趣。有的孩子由于没有得到平等的回答机会，可能会通过"打乱正常课堂秩序""开小差"等行为来宣泄内心的不满情绪；有的学生则会对老师感到失望，认为老师"不喜欢自己才不让自己回答问题"，那么在之后的课堂教学中对老师的提问就不会做出任何反应。

（四）老师向孩子提出的问题要与之能力相适应

老师提出的问题要与孩子的经验和能力相匹配，如果问题大大超出孩子的经验和能力，他们就无法回答问题，师生之间的互动也就无法实现。学生的思维模式决定了他们更多的是根据事物的外在形象或表象进行思考，面对抽象的问题，他们只能沉默。

（五）老师的提问要体现出对孩子情感的关照

老师对孩子的提问不仅指向认知领域，还要指向情感领域。老师可通过提问来关照孩子的情感，为孩子提供情感支持，从而影响孩子的情感态度，促进孩子情感的健康发展。

老师在提问时对孩子情感的关照，不仅体现在提问的内容上，还可以体现在老师提问时所持的态度上。在提问过程中，老师要消除学生的紧张情绪，让他们感受到来自老师的关怀和温暖，建立和谐的问答氛围，为孩子提供表达自我和参与学习的空间。

二、约束纪律中的互动策略

约束纪律是指当老师发现某个学生的行为偏离课堂要求时，做出的旨在阻止、纠正孩子行为的规定。

（一）预防为主

预防是最有效的方法。老师要尽量做到以预防为主，以处理为辅。预防的措施主要有以下几种：

> 1.排除外界干扰，如环境、家长等；
> 2.详细讲解课堂纪律，让孩子了解纪律的具体要求；
> 3.充分关照孩子的心理需要，孩子的很多违纪行为，如故意捣乱、恶作剧、攻击别人、爱破坏等，与其心理需要在活动中没有得到充分的关照有密切联系；
> 4.各种活动的开展要符合孩子身心发育特点。

（二）及时应对孩子违纪行为的措施

1.非语言控制

非语言调控是指教师运用表情、动作等非语言信息，调节控制课堂教学情绪的技能。在教学活动中，当孩子出现违纪行为时，不必中断教学活动，教师采用非语言手段进行控制就能解决。这些非语言控制包括目光接触、手势、身体靠近、触摸、调换违纪孩子的位置等。

2.表扬表现良好的孩子

对许多孩子来说，老师的表扬是强有力的激励，要想减少孩子在课堂上的违纪行为，老师不妨多表扬遵守纪律的孩子，形成对照组。表扬表现优秀同学的良好行为常常会让其他的孩子模仿这一行为。

3.言语提醒

言语提醒是指当老师发现孩子出现违纪行为时，通过轻微的语言提醒违纪孩子注意自己行为的一种处理方式。当学生表现不良行为时，教师应马上给予提醒，而延迟的提醒通常是无效的。言语提醒可分为直接点名提醒和不直接点名提醒。

（1）直接点名提醒

直接点名提醒表述简练到位，具有较强的指向性，对年幼的孩子，这种指向是极其有效的。一般情况下，孩子会立即停止自己的违纪行为，其他孩子也会对自己的行为做出相应的调整，从而达到"以一警十"的作用。

（2）不直接点名提醒

不直接点名提醒是指当孩子出现违纪行为时，老师不直接点出违纪学生的名字，而是通过提出相关的问题引发孩子对其行为关注并改正的一种提醒方式。最常见的有：谁的嘴巴在说话？谁的手在乱动呀？等等。不直接点名提醒，目标也许只是一个或几个违纪的孩子，但会引起多数孩子的注意。老师在孩子出现违纪行为之后要马上提醒，否则会让事情变得更糟。

4.转移注意

转移注意就是老师在教学中发现孩子出现违纪行为时,老师并不强调孩子的违纪行为本身,而是以玩具或者其他活动来吸引孩子的注意,转移他们的注意力,使孩子不知不觉地放弃原来的违纪行为,转而对老师组织的活动产生兴趣。

5.讨论结果

当孩子出现违纪行为时,如果这些违纪行为的后果是可预见的,老师可以引导孩子对这些违纪行为可能引发的不良结果进行讨论,使孩子通过主动讨论来辨别该行为的对错,从而避免以后继续出现类似的情况。

6.应用后果

当老师发现违纪行为后,依次采取了前面的措施都没有奏效时,那就只能使用最后一招,就是让孩子做出选择:要么按照老师的要求去做,要么承担违纪后果。其后果包括停止活动、取消参与游戏的机会等。

需要注意的是:老师在应用后果时,面对不听从要求的后果应当是轻微的不悦,时间短,并且尽可能地在行为发生后起立马上实施,要让孩子明白老师说话算数。在惩罚实施后,老师尽量不要再提起这件事。

三、抚慰情绪中的互动策略

抚慰孩子的情绪就是指老师要在孩子处于忧伤、郁闷、悲伤、恐惧等不良情绪状态时,给予一定的安慰和爱抚。老师要主动抚慰孩子出现的消极情绪,而且要有效地抚慰、平息或缓解他们内心的不良情绪,这样做能促进他们的健康成长。

(一)同理心策略

同理心就是老师在与孩子互动的过程中,能体会孩子的情绪和想法,站在孩子的角度思考问题和处理问题,理解孩子的立场和感受。

（二）情绪认同策略

当孩子出现消极情绪时，老师可以利用情感认同策略抚慰孩子的不良情绪，即支持孩子真实情绪的反应与表达，而不是否定他们的真实情绪。比如，我们经常听到老师对孩子说"这没有什么好害怕、好担心的"等，但是"害怕、担心"都是孩子真实的情绪体验。因此，老师首先要做的是对孩子的这些情绪表示理解和支持，比如孩子表现出担心时，老师可以说："是的，我可以看出你现在真的很担心！"老师的认同和理解不仅不会加重孩子的负面情绪，反而会缓解孩子的负面情绪。

（三）反射情感策略

当孩子向你表达某种感受时，可用孩子的原话表示你对他的理解。当孩子感到委屈时，老师应该设身处地地理解孩子当时的心情。这种方法在心理学上称作反射情感。

（四）身体言语策略

当孩子出现消极情绪时，老师可以通过适当的身体语言，如摸他的脸、温和地看着他、抱抱他、耐心地倾听他的诉说等，来抚慰孩子受伤的心灵。

（五）转移注意策略

当孩子出现消极情绪时，老师可以通过转移注意的策略，让他们将注意力从引发消极情绪的事情转向其他能给孩子带来快乐的事情。

（六）允许申述策略

当孩子做了违反课堂纪律的事情，在被老师批评后不服气时，老师应该允许，甚至是鼓励孩子们通过申辩来说明"委屈"的理由，而不是仅仅简单粗暴地压制他们的委屈。老师可以温和地对孩子说："你能告诉老师你为什么这么做吗？"鼓励孩子为自己的"委屈"申辩，可以避免孩子因为被老师批评而做出消极抵抗的行为，影响教学效果，甚至不愿来参加训练。

上述几种策略主要用于抚慰孩子们在课堂教学中，由于一时情绪消极或者某件事在短时间内产生的不良情绪，对那些长期出现的不良情绪是无效的。我们不主张大家用上述策略来解决孩子因父母感情不和等客观原因导致的长期存在的情绪不良问题。

四、让孩子帮助老师做事中的互动策略

老师让学生帮助自己做一些力所能及的事情，不仅是为了做事，也是老师向孩子开启互动的一种方式，更是为了促进孩子的发展。老师在让学生做事情的时候要注意以下几点：

（一）所做事情在儿童能力范围内

老师需要孩子帮忙的时候，一定要挑选孩子们能做到的事情，这些事是其力所能及且有一定难度的，那么在帮助老师的过程中，孩子们会得到更多的锻炼。如果让孩子帮助做的事是他们做不到的，那么就会给孩子带来挫败感，这对孩子们的成长是不利的。

（二）注意孩子的安全

让孩子帮忙做事情，要考虑到这么做是否会给孩子造成危险。如果有一定危险性，老师一定要确保孩子的安全。

（三）指导孩子做事的技巧

让孩子在做事的过程中，学会怎样解决问题，是让孩子帮助做事的一个重要目的。因此，老师在让孩子帮忙前，要对孩子进行适当的培训和指导，告诉他们如何快速解决问题，可以使他们在做事的过程中获得成功的、愉快的体验。

（四）让每个孩子都有机会当老师的小助手

孩子是非常希望帮老师做事情、成为老师小助手的，当孩子的这种愿望得不到适当满足的时候，他们的内心就会有怨气，就会以某种形式宣泄出来。在让孩子帮助做事情时，要坚持机会均等原则，让每个孩子都有机会得到锻炼。

五、问候中的互动策略

问候中的互动是指老师通过问候的言语或行为开启的一种互动。问候互动不仅可以开启积极互动，还可以培养青少年儿童文明礼貌的行为习惯，增进师生、学生之间的感情。为了更好地促进孩子的发展，老师在问候互动中应该注意以下几点：

（一）老师要主动、热情

在问候互动中，老师要积极主动地释放热情和活力，孩子们和家长感受到老师的热情后，也会主动回应热情，整个课堂就会形成良性的互动。

（二）让每个孩子都感受到老师的热情

老师在与孩子相互问候的时候，要平等地对待每一位学生，要让孩子感到老师是公平的、是爱每个孩子的，一定要注意不能厚此薄彼，不要让孩子感到老师偏心。

（三）问候中的一些仪式动作会有积极的效果

有些老师会在和孩子的互相问好中，增加一些击掌、撞拳等仪式感动作，收到了良好的效果。老师可以设计出一系列能增强气氛的动作，可以缩短老师和孩子之间的心理距离，以增强互动的积极效应。

六、向孩子表达情感中的互动策略

向孩子表达情感中的互动是指老师要主动向孩子表达自己对他们的情感，并由此而开启的一种互动方式。老师对孩子表达情感的互动是单纯地向孩子表达自己对他们的喜爱之情，不带有任何指导活动、约束纪律等目的，一般情况下，老师对孩子表达的情绪是正向的。如果孩子感受到老师对他的情感是积极的，运动场就会成为他喜欢的地方；反之，孩子可能不愿意再来。因此，老师要学会正确地表达情感，有助于与孩子的沟通和交流。

（一）对孩子表达情感应该是积极的

如果孩子感受到老师对他的情感是积极的，他就会乐于与老师积极地互动，乐于听从老师的指导；如果感受到的情感是消极的，那么他就不愿意与老师互动，甚至躲避老师的互动，不仅不听老师的指导，甚至会跟老师唱反调。

（二）以孩子能理解的方式表达情感

老师对孩子的积极情感要通过孩子能理解的言语或肢体语言表达出来，如拍拍肩膀、摸摸头、拉拉小手等，让孩子感受到老师是喜欢他们的。

（三）对孩子表达情感要准确

许多时候，老师表现出的不喜欢只是对孩子的某些行为不满意，并不是不喜欢这个孩子，可是在表达情感的时候被孩子误以为是老师不喜欢自己，这种表错情的情况会给孩子带来消极影响，不利于教学活动的开展。

（四）老师对孩子的积极情感应该是无条件的

要让每个孩子都知道：无论他守纪还是违纪，无论他进步还是退步，无论他听话与否，老师都喜欢、尊重他们。在这种无后顾之忧的环境下，孩子才有可能形成独立的思想、健康的人格。

七、询问学生中的互动策略

询问是指老师在非正式教学活动中和孩子们交流生活中的某些经历、感受时的互动活动，这种活动没有教导的意味，只是信息的交流及对孩子生活学习情况的了解。在使用询问时应该注意以下几点：

（一）老师要了解孩子

老师想要通过询问来开启与孩子的互动，就必须了解孩子所想、所做、所需，只有这样，询问才会有针对性，才能打开话匣子。老师平时可以通过家长了解孩子在生活中喜欢看什么电视节目、读什么书、玩什么游戏等。

（二）为询问开启的互动营造良好的心理氛围

1. 与孩子建立良好的情感关系；
2. 要认真、热情、专注、富有亲和力；
3. 倾听孩子的应答要专心。

（三）因材施询

老师要根据孩子的不同情况进行有针对性的询问，包括询问的内容、方式、心态等。

（四）要善于抓住询问的时机

如果时机合适，老师的询问很容易开启积极互动；如果时机不合适，便很难开启积极互动，甚至会引起孩子们的反感。有时候，良好的时机往往存在于孩子刚刚经历某一有意义的事件后，有诉说欲望之时。

八、指导中的互动策略

指导孩子活动是指老师为了向孩子传授某种知识或技能，提供某项信息和建议，或是帮助、指导孩子达到教学、游戏、生活中的某一项目标而开展的活动。

九、共同游戏中的互动策略

共同游戏是指老师在教学中创设游戏环境，与孩子们共同参与游戏活动的过程，或者是老师以伙伴的身份参与孩子们某一项游戏活动，以指导或推动游戏发展的进程。在这一过程中，老师与孩子分别担任不同的游戏角色，共享游戏中的快乐。

第三节 孩子开启的师生互动类型及其应对策略

由学生开启的互动主要包括：提问中的互动、告状中的互动、求助中的互动、寻求关注中的互动、帮助老师做事中的互动、陈述中的互动、发表见解中的互动、请求中的互动、询问中的互动、展示中的互动、问候中的互动、求慰中的互动、等待中的互动、共同游戏中的互动等十四种。

一、正确应对孩子提问的策略

师生互动中的孩子提问是孩子开启互动的一种方式，它是孩子试图通过提问从老师那里获得指导、支持、关注、帮助的一种手段，是孩子希望求知需要得到满足而采取的一种手段，也是孩子密切和老师关系的一种手段。老师要学会利用孩子的提问与孩子形成积极的互动，进而促进孩子的健康发展。

（一）接纳并鼓励孩子的提问

孩子们对世界充满了好奇心，他们经常会提出一些令人忍俊不禁或者会造成尴尬甚至无法回答的问题。但是，无论孩子们提出什么类型的问题，老师都应以一种接纳和鼓励的态度对待孩子们，同时，还要鼓励他们不断地通过提问来与老师进行积极的互动。

（二）根据孩子提问的不同动机做出不同的应答

在教学活动中，孩子们会向老师提出各种问题，他们提出这些问题都有不同的动机，其中主要的动机有如下四种：

1.告诉老师他的发现

许多时候孩子们对老师提出问题就是想告诉你他的发现。这时候老师要是反问孩子："你说呢？"他就会得意地告诉你他发现的问题，在回答你的反问后也会得到满足感。

2.解决他的情绪困扰

有时孩子向老师提问不仅是想解决认知方面的困惑，也是为了缓解内心面对未知的焦虑。

3.想和老师套近乎

有些时候，孩子们问老师问题，并不是想答疑解惑，而是因为喜欢老师，想通过与老师的一问一答来与老师"套近乎"，增加双方的情感交流。

4.为了求知

大部分孩子向老师提问是因为他们"无知""想知"，是为了满足他们对未知事物的好奇心。应对孩子为求知而提问的方式主要有：

（1）直接回答孩子

当孩子为求知而提出问题，这些问题又没有深入探索的意义时，老师可以采取直接回答的方式来应对。

（2）引导孩子从探索中获得答案

当孩子提出的问题可以通过自己的探索发现答案时，老师不应该直接告诉他答案，而应该引导孩子通过探索获得答案，这对孩子更有发展价值。

（三）利用老师"不知道"促进互动

老师在孩子们心中是无所不知的高大形象，他们提出的每个问题老师都能解答，孩子们便会崇拜老师。但这种无所不知也存在一些问题——有可能导致师生间的距离感进一步加大，不利于师生间平等、积极的互动关系的建立。因此，老师在面对孩子提问时，可以适当地表示出师生间的"老师也不知道这个问题的答案，我们一起来找答案吧"，反而会让师生间的关系更加亲近。

二、正确应对孩子告状的策略

互动中的孩子告状行为是指孩子在认为自己受到同伴的侵犯或者发现同伴的某种行为与集体规则、老师的某项要求不符时，向老师告发以引起老师对相关人、事的关注，甚至着手处理的开启师生互动的行为。

告状说明孩子具有是非判断能力，这是其社会性发展的一种表现，说明他有勇气、有胆量，对自己认为不对的事敢说、敢抵抗；说明他把老师当作权威力量，说明他相信老师。告状是孩子经常出现的行为，老师应该学会正确应对孩子的告状行为。

（一）认真倾听

当有孩子向老师告状时，一定要面带微笑听他把话说完，认真倾听他们的心声。这样孩子会感受到老师重视自己的问题，他会更自信、更勇敢地表达自己，同时也会更加尊敬、信任老师，从而更愿意与老师沟通互动。

（二）弄清事实

老师在收到告状后，不能只听一方的倾诉，要在听完"原告"的诉说后，再找"被告"和知情者了解情况，千万不可以没有清楚了解真相就轻率地对事情进行判断、处理。当发现了解到的情况与"原告"的诉说不一致时，再将"原告"和"被告"、知情者叫到一起，核实事情的原委。

（三）针对不同类型的告状行为采取不同的策略

不应以平息事态为目的来处理孩子的告状事件，而应以增强孩子按"规"行事的自觉性，增强孩子独立处理冲突的能力为目的。因此，在调查清楚之后，老师应该根据孩子告状的不同情况采取不同的应对策略。

1.应对自我保护型告状的策略

所谓自我保护型告状，是指孩子在训练中遭到其他孩子的欺负，希望老师能提供援助以制止同伴的不当行为，从而摆脱困境、保护自身安全与权益的行为。对自我保护型告状，老师可以采取以下三种策略应对：

（1）安慰"受害者"；
（2）批评教育"损人者"；
（3）教会孩子独立处理冲突的能力。

2.应对规则维护型告状的策略

规则维护型告状是指孩子发现同伴的某种行为不符合集体规则或老师的某项要求而向老师告状，希望老师能够制止或惩罚同伴的违规行为。对规则维护型告状，老师可以采用如下策略：

（1）给予告状者以充分的肯定；
（2）对被告进行批评教育；
（3）对全班进行相关常规的教育；
（4）对试探型告状要明确表明立场和态度。

3.应对求赏型告状的策略

求赏型告状是指孩子为了获得老师的认可和赞赏而采取的告状行

为。求赏型告状分为两种情况：一种是通过"检举"别人的违规行为来博取老师对自己的赞扬；另一种是为了表现自己遵守规则，"检举"别人的违规行为，用对照的形式衬托自己，博取老师的称赞。对求赏型告状，老师可以采取如下四种策略应对：

（1）慎重应对孩子的求赏型告状

对求赏型告状，老师要慎重对待，既要批评不遵守纪律的学生，又不能过分肯定和表扬告状者，否则容易让学生养成爱打小报告的习惯，影响孩子们的友谊。面对孩子为了从告状中获得满足而频繁告状的行为，老师应对其进行冷处理，不用过多关注，可简单回答"哦，我知道了"，之后不采取任何处理措施。当爱"告状"的孩子认识到这一行为既不能被关注，又达不到被表扬的目的时，自然就会减少求赏型告状。

（2）平时多关注每个孩子

有求赏型告状行为的孩子，大多是喜欢被人关注的孩子，他们的告状行为通常是被人关注的心理需要未得到满足而产生的。因此，当孩子经常出现求赏型告状行为时，老师要反思：是不是自己平时冷落了这名学生，如果是，就应该给他以适当的关注。

（3）培养孩子的自信心

一部分对自己不够自信的孩子，也会出现求赏型告状行为，他们会从告状中获得乐趣和满足。因此，老师要教育孩子多看自己的长处，要多向他们提供获得成功的机会，努力培养并让他们发现自己的强项。当孩子有了足够的自信心后，他们就不会再尝试通过贬低别人来抬高自己，他们的求赏型告状行为也会逐渐减少。

（4）应对忌妒型告状的策略

嫉妒型告状是指当孩子看到他人在某些方面比自己优秀，自己当时却无法拥有或胜过而产生的烦恼、不安、痛苦、怨恨，并企图打击他人进而采取的告状行为。老师在应对这种行为时要正确地评价孩子，建立一个良好的心理环境，平静地接受孩子的忌妒心理及其告状行为，之后再调整孩子的心态，把其忌妒心理转为榜样动力创造更好的成绩，超越自我。

三、正确应对孩子求助行为的策略

孩子在互动中的求助行为是指孩子因为自己在游戏活动或学习活动等场景中遇到某一问题、麻烦，通过口头语言或肢体语言向老师发起的，以求得到老师帮助与指导为目的的行为。

（一）接纳甚至鼓励学生的求助行为

孩子的成长是需要一个过程的，他们不可能一下子就变成具有独立意识和能力的人，老师要帮助孩子在这一过程中学会成长，具备独立思考的能力。

（二）让孩子正确认识求助行为

现在的孩子多是独生子女，依赖性比较强，不仅缺乏独立思考的意识，也缺乏独立解决问题的能力，遇到困难他们首先想到的不是自己如何解决这个问题，而是向外界求助。因此我们应该在教学活动和游戏中逐渐培养孩子的独立意识和能力，让孩子感受到自主解决问题的成就感，从而在之后的学习和生活中，能自己解决的问题就自己解决，不给别人添麻烦，以能独立解决问题为荣。老师要表扬和鼓励那些喜欢和善于独立解决问题的孩子，这样其他孩子也会为了得到老师的表扬而学着自己解决问题，可以减少孩子不必要的求助行为，促使孩子学会自己想办法解决问题。

（三）根据孩子不同的求助动机给予不同的应对

1.为了解决真实的困难或问题

如果孩子能学会自己解决问题，老师应该教会孩子独立解决同类问题的技巧；如果孩子不能自己解决问题，老师可以协助其共同解决。

2.想得到老师的关爱而向老师求助

许多时候，孩子在通过许多途径博取老师的关注而无效时，"假无能"就变成了其争取老师关爱的一个选项。因此，能干的孩子平时也需要关注，万万不可因为某个孩子能干便觉得他不需要过多关注而冷落了他，否则他可能会为了求得老师对他的关爱，逐渐变得无能。

（四）让孩子学会互助

当孩子向老师求助时，老师不要急于帮助孩子解决问题，可以引导孩子向同伴或者由老师在全班召集学生中的"能人"来帮助该学生共同解决问题，这样可以培养孩子们的互助意识，有利于孩子交往技能的养成，还可让孩子体验到集体的温暖，增进孩子之间的情感。

（五）帮助是"无条件的"

师生、学生之间的帮助是无条件的，该帮助就帮助，不要让帮助附带任何与解决问题无关的条件。

（六）利用帮助的过程增进师生感情

帮助孩子解决困难，不应该仅仅是单纯的事务性处理，老师应该以温暖的方式来帮助孩子，进而增进师生感情，使师生关系更为融洽。

四、正确应对孩子寻求关注的策略

寻求关注式互动是指孩子为了吸引老师注意到自己而开启的活动。我们在制定教学目标时就有满足孩子积极关注的需要这个大前提，但在实际教学中，很多老师只是要求孩子在学习过程中做这做那，却忽略了孩子对积极关注的心理需要，这是不利于孩子成长的。

（一）正确处理孩子发出的寻求关注的信号

1.关注孩子发出的信号

孩子都渴望得到成人的关注，学生也希望得到老师的关注。当通过正常途径无法获得这种关注时，孩子们往往会通过一些不符合常规的做法来引起老师的注意，比如：恶作剧、故意捣乱、毁坏物品，甚至出现攻击行为，等等，这些都需要老师在教学中多加注意。

2.慎重应对孩子发出的寻求关注的信号

孩子为寻求关注而向老师发出种种信号，甚至做出一些违纪行为都是可以理解的。老师不要因为孩子做出的各种寻求关注的行为而生气，相反，应该反思一下自己在教学活动中是不是忽视了该学生。如果是，就应该努力弥补，在其发出轻微寻求关注的信号时，就给予他足够的关注，之后就会逐渐减少或杜绝违纪行为的发生；如果孩子不是为寻求关注而做出某些违纪行为，老师对这个孩子就不要给予过度的关注，否则就会强化他的这一系列行为，导致孩子在做事的过程中关心的不是事情本身，而是自己是否被关注，老师适当忽略他们的这种行为，反而会使这些违纪行为发生的频率降低。

（二）给孩子平等的受关注机会

在平时的活动中，老师要多给予孩子平等的受关注的机会，这样孩子们就不会刻意地通过种种手段来博取老师的关注，可以安心地学习和生活。

五、正确应对孩子帮助老师做事的策略

孩子不仅喜欢被老师邀请帮助做事，也喜欢主动提出帮老师做一些事。在孩子心里，能帮助老师做事和被老师叫去帮忙做事都是一种荣耀，有满满的成就感。老师在接收到孩子想帮忙做事的请求时，应尽量满足孩子的心理需要。

（一）对孩子的主动帮助意向要表示感谢

对孩子想为老师做事，不管做的是什么事，也不管这些事有无必要，老师都应该向孩子表示感谢，孩子在做事的同时既感到被尊重，又获得了成就感。

（二）给每个孩子平等的做事机会

孩子认为，帮老师做事情可以与老师的关系更加密切，同时能帮老师做事说明自己在老师心目中的位置很高，同学们会羡慕能帮助老师做事的孩子。所以老师要给孩子均等机会，让每个孩子都能参与到与老师的互帮互助中，促进孩子的心理健康发展。

（三）多为孩子创造做事的机会

老师应该树立这样一种观念：在青少年儿童力所能及的范围内，能让孩子做的事情就让孩子自己做。不仅可以减轻老师的负担，还可以锻炼孩子的能力，增进师生感情。

六、正确应对孩子陈述的策略

孩子开启的陈述式互动是指孩子主动向老师表述自己的某段经历，或

是表达自己的某种感受而开启的互动。每个孩子都有向人诉说的欲望，尤其是他心目中重要的人。这种互动没有请求老师帮助的意思，只是想向老师表述自己的感受和经历。老师应该正确应对孩子的陈述，以促进孩子的健康发展。

（一）认真倾听

当孩子向老师陈述时，不管他陈述什么内容，老师都应该做出认真倾听的姿态，让孩子知道老师在仔细听他讲述。老师在倾听过程中始终要平视孩子，视线锁定在孩子的眼睛与鼻梁之间，边听边点头或者重复孩子表述的内容，不要左顾右盼，一副心不在焉的样子。对学生陈述的内容还要通过言语或非言语行为给予适当的回应，让孩子与老师之间的互动更加和谐。

（二）对孩子陈述的内容要表现出浓厚的兴趣

当孩子高高兴兴地来向老师陈述时，老师应该对孩子陈述的内容给予行为或语言上的鼓励，即使这些内容是众所周知的、毫无新意的。行为上或语言上的鼓励会令孩子相信老师对自己所说的内容感兴趣、受到鼓励，进而形成喜欢向人陈述的习惯；相反，如果老师说："我早就知道了""你讲的内容很无聊"或"你讲的是什么乱七八糟的东西呀，我听不懂"，则可能扼杀孩子的陈述欲望，导致孩子再也不想和老师展开互动了，甚至让孩子产生自我怀疑，认为老师是不喜欢他才不听他说话的。

（三）给孩子以适当的引导

由于孩子的语言表达能力有限，老师对孩子的陈述要有足够的耐心和细心，要不时地用简短的语言引导、鼓励孩子继续说下去，并适当地重复自己所理解的内容，明确自己的理解与孩子所表达的内容是否一致，不一致时应设法通过提问或其他方式引导孩子重复这一内容，直到沟通顺畅。

（四）平等地对待每个孩子的陈述

孩子向老师表达情感、陈述问题，说明他们喜欢老师、相信老师。老师要认真地对待每个学生，不要让孩子失望，让他们感受到老师对自己的重视，感受到自己在老师心目中的位置。

（五）不要轻易打断孩子的陈述

在孩子陈述时，老师要给孩子足够的时间让他把话说完，因为打断孩子说话的同时，也打断了他的思路，还让孩子感觉老师不尊重他。如果一个孩子经常在说话时被别人打断，这个孩子在未来有可能就会变得不太爱说话，而且他在与人沟通时也不会尊重其他说话的人。

七、正确应对孩子发表见解的策略

为了更好地促进孩子的身心健康发展，当孩子对某一现象表达自己的看法和观点时，老师应该做到以下五个方面：

（一）鼓励孩子勇于发表自己的看法

当孩子发现某现象并对其发表看法时，不论这种看法对不对，也不管这种看法是否有创意，老师都应该尊重他们的想法。孩子在表达自己的见解时，老师不要急于评论——过于急迫的肯定或否定都不利于孩子说出真

实的看法，也不利于孩子产生有创意的想法。

（二）理解并接受孩子的观点

老师要努力地理解和接受孩子对某事表达的观点与看法。如果遇到不能理解的，就问问孩子："你怎么会有这样的想法的？"听听孩子的诉说，或许你会发现孩子的观点、看法自有其道理。

（三）不要以自己的观点取代孩子的观点

每个人的思想、生活环境不同，会造成他们对事物的看法也不同，不要以各种手段迫使孩子接受老师的观点，要允许他们有不一样的看待事物的角度和方式。要学会从孩子的视角出发，去理解他们的观点和看法，其实，不理解也不要紧，关键是不要否定孩子的观点和看法，更不要以自己的思维方式去代替孩子的观点和看法。

（四）让每个孩子都有均等的机会发表自己的观点和看法

现实中，能力强的孩子敢于表达自己，通常能得到更多的在老师面前发表见解的机会。同时，他们发表的见解更容易引起老师的重视；而能力差的孩子往往都会表现出自卑，这样表达自己观点的机会就会较少，见解就容易被老师忽视。因此，老师应该给予每个孩子公平发表自己观点和看法的机会，以促进孩子认知和人格的健康发展。

（五）心平气和地接受孩子对老师的意见

孩子比较单纯、可爱，他们头脑里没有世俗观点，发现老师有问题后，他们往往会直率地向老师指出。对此，老师要有必要的心理准备，并且要以一种平和之心、宽容之心、感恩之心来接受孩子向老师提出的各种意见，并努力将之变成促进孩子发展的契机。

八、正确应对孩子请求的策略

在互动中，孩子会为做某件事情而事先向老师报告自己的想法，以求得到老师的同意并开启互动。应对策略有如下三种：

（1）建立常规，让孩子知道什么时候可以做什么事情；

（2）关注孩子在请示中反映出来的心理信息；

（3）不要质疑孩子。

当孩子向老师提出请求时，特别是请求解决生理问题时，老师不要怀疑其请求的真实性和正当性。如果怀疑也不宜公开指出，老师要解决的不是如何制止或揭穿孩子的谎言，而是要研究孩子为什么会这么做或者孩子为什么会提出如此不可思议的请求。

九、正确应对孩子询问的策略

询问式互动是指孩子基于兴趣向老师请教或者为了了解一些事情的具体安排向老师开启的互动，应对策略主要有：

（1）如实回答；

（2）利用回答询问机会激发孩子追求进步。

十、正确应对孩子展示式互动的策略

展示式互动是指孩子为赢得老师的表扬、肯定和关注而展示自己的才识、技能、物品引发的互动。应对策略主要有：

（1）欣赏；

（2）及时；

（3）慎重对待展示欲望过强的孩子。

如果孩子陷入展示欲，说明这个孩子的内心缺乏安全感，对自己不够自信。面对展示欲过强的孩子，老师应该做的不是欣赏其展示的内容，而是要对展示者本身进行鼓励，要在各种活动中给予他支持和肯定，增强他的自信心。只有自信心强大了，他就不会过分关注外在的东西，也就不会有那么强烈的展示欲了。

十一、正确应对孩子问候式互动的策略

问候式互动是孩子在面对老师、同学时，通过问候的语言或行为开启的互动方式。应对方式有：

（1）及时、热情地回应；
（2）让孩子感受到平等。

十二、正确应对孩子求慰式互动的策略

求慰式互动是孩子在受到委屈，或者是以寻求老师安慰为目的的互动。应对措施如下：

（1）正确领悟孩子寻求安慰的原因；
（2）平时多与孩子开展亲密互动；
（3）正确应对孩子的哭泣。

老师在孩子寻求安慰时，最应该做的不是简单地平息孩子的哭泣，因为孩子表面上停止了哭泣，但实际还在伤心，他们只是忍住不哭而已，老师要了解他哭泣的原因，解决造成他哭泣的原因，并给予充分的爱抚。

十三、正确应对孩子等待式互动的策略

等待式互动是指孩子的视线紧紧跟随老师，期待老师看到自己后能同自己展开互动的一种方式。孩子不是以语言作为媒介与老师开启的互动，而是向老师发出眼神、动作等非语言信号，再由老师给予关注，进而与老师互动。应对策略主要有：

（一）老师要善于读取孩子的肢体语言

孩子们不善于用语言表达自己的感情，很多时候都是用肢体语言表达自己的喜好。孩子不断向老师靠近，说明他想与老师亲近；孩子伸出双臂向老师走来，说明他需要拥抱；孩子扯住老师的衣服、紧紧拉住老师的手或者望着老师不停地吃手指，说明他缺乏安全感；孩子不断在某老师面前哭泣，而不在其他老师面前哭，说明他只信任这位老师，希望得到该老师的保护；孩子较长时间地尾随老师，说明孩子希望得到老师的关爱与帮助；孩子微笑着向老师走来，说明他想与老师亲近。

（二）根据肢体语言的含义及时、准确地做出有效应对

老师对孩子的肢体语言要保持高度的敏感，这也是老师应有的专业素养。老师不应该对孩子肢体语言发出的各种信号熟视无睹，也不要显示出不耐烦的样子。老师应该在正确理解孩子各种肢体语言的基础上，根据孩子的心理需求做出适当的回应，并以此为契机密切师生之间的感情，进而促进孩子身心的健康发展。

十四、正确应对孩子发起的共同游戏的策略

共同游戏是孩子主动邀请老师参与自己的游戏活动，与老师分享游戏经历及体验的互动。面对孩子的游戏邀请，最重要的是老师要以游戏者的身份参与到孩子正在玩的游戏中，而能否与孩子分享游戏的快乐，关键在于老师是否具有游戏精神，是否具有游戏心态。

第四节 与不同性格的孩子互动的策略

老师在与不同性格、不同类型的孩子互动时，需要根据其特点采用不同的互动方式：

一、与性格内向胆小型孩子互动的策略

胆小型孩子的性格一般都是内向的，心理活动倾向于内部消化，一般表现为喜欢独处、沉默寡言、不喜欢与陌生人交往。老师在与内向的学生互动时，应该多鼓励并且肯定孩子，为胆小的孩子创设宽松的心理氛围。

1.老师主动发起互动

内向胆小型孩子一般很少主动发起互动，老师应该增加对胆小的孩子的关注度，了解他们的需求，主动与他们互动，给他们足够的安全感，增强孩子们的自信心，促进他们的心理发展健康。

2.创设宽松的心理氛围

老师友好的帮助、赞赏的目光、适当的评价、鼓励孩子每一点细微的进步，都是对内心胆小型孩子心理和经验上的支持。因此，老师为孩子创设的心理氛围是否宽松、对胆小型孩子提供的支持如何，关系到互动是否能够维持、延续以及何时以何种方式结束。

二、与性格调皮多动型孩子互动的策略

1.欲擒故纵策略

一般来讲,"欲擒故纵"的方式适合那些性格倔强、调皮的孩子。

2.有意忽视的技巧

老师在日常工作中会特别关注调皮、不遵守规则的孩子,希望他们能遵守课堂纪律,不要影响到其他的孩子。但事实上,孩子捣乱、发脾气等行为,往往由于受到过多关注,反而会被强化,变得越来越不遵守规则。因此,对调皮的孩子,老师在遇到他们不会造成本人或他人受伤害的行为时,可采用有意忽视的态度来达到减少和改变其不良行为的目的。

第五节　师生冲突的有效化解

师生冲突通常发生于两种情境：一是孩子的行为偏离老师预设的轨道，老师出于教育目的，强迫学生改变行为而引发冲突；二是孩子的行为偏离既定规则，老师为了维护常规，进行干涉而引发冲突。

师生冲突的消极作用常常在传播过程中被放大、夸大，导致大家对冲突过于敏感，谈冲突而色变。老师对冲突的认识普遍存在两种不同的观点：一种认为只有恶性的冲突是冲突，消极回避冲突；另一种认为冲突是普遍存在的，没有必要当回事。冲突的消极作用不仅影响孩子的成长，也影响到老师的工作。冲突中的孩子会经历压抑、内疚、自责、孤独等多种情绪，进而影响其训练的积极性、主动性。而应对失当的老师往往产生沮丧、苦恼甚至愤怒等消极情绪，冲突处理不当上升为家长和老师或者培训机构的冲突后，会产生更大的不利。

冲突作为互动的一种特殊形式，本身没有好坏之分，其正向功能与负向功能应是相对而言的，取决于冲突能否得到有效的化解。

一、以积极的心态面对冲突

1.师生冲突促进孩子的社会化

社会化是指个体与社会环境相互作用中，获得他所处的社会的各种行为规范、价值观和知识技能，成为独立的社会成员并逐步适应社会的过程，是人和社会相互作用的结果。遵守规则的意识和能力是孩子社会化的基础。

2.师生冲突促进老师的专业化

每一次冲突都是对老师专业水平的一次考验，好的老师善于用教育艺术和教学机制及时地化解冲突。适当的冲突可以促进老师关注孩子的需要，并及时反思自己的教育方法、教育手段，进一步寻求更适合孩子的方式方法，从而不断提升自身教育素质。

二、树立正确的教育信念，正确定位老师、评价孩子

只有善于发现孩子的优点，才能享受到孩子的成长带来的快乐，从而提升老师职业的幸福指数。

三、客观看待老师的权威，科学培养规则意识

1.增强老师自身的人格魅力，提高个人权威的影响力

从教育过程看，老师的权威、教学常规都有其独特的价值。老师的权威有利于教育教学的有序开展，有利于提高教育效率。不可否认，在实践中，常规好的班级的孩子生活习惯和学习习惯也很好，老师教得很轻松，孩子学得高效。

2.增强孩子自我管理的能力，让规则内化为孩子自身的需要

在规则教育中要注重引导孩子感受规则的重要性，让孩子在解决问题的过程中产生规则意识，使规则逐渐内化为孩子自身的需要，在此基础上再帮助孩子制定规则。这样的常规才会成为限制和约束孩子行为的紧箍咒，反而能增强人们遵守规则的自觉性，减少由规则引发的冲突。

四、提高专业水平，善用管理策略，及时化解冲突

1.善于运用表情和眼神等非言语行为，防止违纪行为；

2.多用积极的引导性语言，强化孩子的良好行为；

3.及时反思教育行为，增强情绪控制能力。

图书在版编目（CIP）数据

青少年儿童体能教练教学理论与实践 / 白晨著 . —北京：中国广播影视出版社，2024.3
ISBN 978-7-5043-9208-4

Ⅰ . ①青… Ⅱ . ①白… Ⅲ . ①儿童—体能—身体训练—教学研究②青少年—体能—身体训练—教学研究 Ⅳ . ① G808.17

中国国家版本馆 CIP 数据核字（2024）第 054107 号

青少年儿童体能教练教学理论与实践

白晨　著

责任编辑	毛冬梅
封面设计	文人雅士
责任校对	张　哲

出版发行	中国广播影视出版社
电　　话	010-86093580　010-86093583
社　　址	北京市西城区真武庙二条9号
邮　　编	100045
网　　址	www.crtp.com.cn
电子邮箱	crtp8@sina.com

经　　销	全国各地新华书店
印　　刷	廊坊市海涛印刷有限公司

开　　本	787 毫米 ×1092 毫米　1/16
字　　数	84（千）字
印　　张	6.75
版　　次	2024 年 3 月第 1 版　2024 年 3 月第 1 次印刷
书　　号	ISBN 978-7-5043-9208-4
定　　价	68.00 元

（版权所有　翻印必究·印装有误　负责调换）